MARCO POLO

Rheingau

Wiesbaden

Reisen mit Insider Tipps

...opolo.de

...s zu den beliebtesten Reisezielen im Internet, siehe auch Seite 102

SYMBOLE

Insider Tipp **MARCO POLO INSIDER-TIPPS:**
Von unserer Autorin für Sie entdeckt

★ **MARCO POLO HIGHLIGHTS:**
Alles, was Sie im Rheingau kennen sollten

HIER HABEN SIE EINE SCHÖNE AUSSICHT

WO SIE JUNGE LEUTE TREFFEN

PREISKATEGORIEN

Hotels

€€€	über 120 Euro
€€	60–120 Euro
€	unter 60 Euro

Die Preise gelten für zwei Personen im Doppelzimmer ohne Frühstück.

Restaurants

€€€	über 15 Euro
€€	8–15 Euro
€	unter 8 Euro

Die Preise gelten für ein Tellergericht ohne Getränke.

KARTEN

[110 A1] Seitenzahlen und Koordinaten für den Reiseatlas Rheingau

[U A1] Koordinaten für die Wiesbadenkarte im hinteren Umschlag

[O] außerhalb des Kartenausschnitts

Zu Ihrer Orientierung sind auch die Orte mit Koordinaten versehen, die nicht im Reiseatlas eingetragen sind.

GUT ZU WISSEN

INHALT

Die wichtigsten
MARCO POLO Highlights

Sehenswürdigkeiten, Orte und Erlebnisse, die Sie nicht verpassen sollten

1 Rheingau-Musik-Festival
Jazz im Schloss, Klassik im Kloster: Bedeutende Interpreten spielen an außergewöhnlichen Orten (Seite 25)

2 Wiesbadener Weinwoche
Dutzende von Weinprobierständen in der Innenstadt, alle namhaften Winzer der Region schenken hier aus (Seite 25)

3 Schwarzer Bock
Luxus und Stil: ein Hotel voll Geschichte in Wiesbaden (Seite 34)

4 Kaiser-Friedrich-Therme
Gespeist von einer heißen Quelle, die schon die Römer kannten, dazu die denkmalgeschützte Atmosphäre des Jugendstils in Wiesbaden (Seite 35)

5 Rheinpromenade
Die schönste Promenade des Rheingaus: Platanen, blühende Rosen, Adelshäuser und eine prächtige Burg in Eltville (Seite 42)

6 Schloss Reinhartshausen
Zum Übernachten oder nur auf einen Tee: das am Rheinufer thronende Schloss bezaubert als Gesamtkunstwerk (Seite 45)

Herrlich altmodische Gondeln: Kabinenseilbahn in Rüdesheim

Schloss für Weinfexe: Johannisberg

7 Pfarrkirche St. Valentinus
Im Kiedricher Kirchhof umfängt Besucher eine Atmosphäre anrührender Stille (Seite 51)

8 Kloster Eberbach
Schönstes und bedeutendstes aller Klöster, von Zisterziensern gegründet (Seite 53)

9 Brentano-Haus
Zentrum der Rheinromantik in Oestrich-Winkel: das Sommerhaus der Familie Brentano, in dem schon Goethe zu Gast war (Seite 55)

10 Kloster Marienthal
Das berühmte Wallfahrtziel verlockt zur Einkehr in der Stille der Natur (Seite 64)

11 Schloss Johannisberg
Hier wurde mit der Entdeckung der Spätlese Weinbaugeschichte geschrieben – und im Keller ruhen die berühmtesten Weine (Seite 66)

12 Kabinenseilbahn
Über den Dingen schweben und die Rüdesheimer Rheinkultur aus der Höhe betrachten (Seite 68)

Weltberühmt: Kloster Eberbach

13 Niederwalddenkmal
Ein Muss – nicht wegen des pompösen Denkmals, sondern wegen des phantastischen Blicks aufs Rheintal (Seite 69)

14 Rheingauer Weinmuseum Brömserburg
Das Rheingauer Weinmuseum ist in einer grandiosen Burganlage untergebracht (Seite 70)

15 Thermalfreibad
Täglich frisches Wasser in Schlangenbad (Seite 85)

★ Die Highlights sind in der Karte auf dem hinteren Umschlag eingetragen

Entdecken Sie den Rheingau!

Ein idyllisches, reich bewaldetes Naturparadies mit zahlreichen Wanderwegen, imposanten Burgen, berühmten Klöstern und großen Weinen

Auf einer Terrasse über dem Rhein bei Rieslingsekt und geräucherter Forelle: Der Blick schweift über den sanft geschwungenen Treppenabgang, über Ginkgos, Eichen, Pavillon und Kräutergarten des Preußenschlosses Hotel Reinhartshausen. Auf dem Fluss gleiten Lastschiffe dahin, ein Heißluftballon segelt über schiefergedeckte Fachwerkhäuser und gotische Kirchtürme, über Weinlagen wie Erbacher Marcobrunn und Kiedricher Sandgrub. Dieses Idyll liegt weniger als eine Autostunde von Frankfurt entfernt.

Zwischen Wiesbaden und Lorch erstrecken sich die grünen Hügel des Rheingaus, gestern Quell der Inspiration für Dichter und Denker, heute eines der Lieblingsziele nicht nur für deutsche Besucher, sondern auch für US-Amerikaner und Japaner. Das Rheingaugebirge, nämlich die südlichen Ausläufer des Taunus, die bis wenige Kilometer an den Rhein heranreichen, ist es auch, das die Region vor kalten Winden und Stürmen schützt. Als Teil des Naturparks Rhein-Taunus ist das bis 580 m »hohe« Rheingaugebirge ein großes Naherholungsgebiet mit zahlreichen Wanderwegen. Beeindruckend ist die Ausdehnung des bewaldeten Gebiets: Bis auf wenige Ausnahmen, nämlich die gerodeten Flächen um die Orte Stephanshausen, Presberg und Aulhausen, ist das Rheingaugebirge von Wäldern bedeckt und stellt somit eines der größten zusammenhängenden Waldgebiete Deutschlands dar. Wanderer finden hier ein zauberhaftes Naturparadies mit seltenen Schmetterlingen und Orchideen, mit kleinwüchsigen, von Moos bedeckten Eichen und mit vielen Farnen und Flechten.

Das Biebricher Schloss mit seinen markanten Rot- und Weißtönen steht am Rheinufer in Wiesbaden

Fachwerk bestimmt die Architektur

Schöne Landschaften gibt es freilich viele, doch der Rheingau

Geschichtstabelle

1. Jh. Römische Truppen errichten das Kastell Aquis Mattiacis an den heißen Quellen der germanischen Mattiaker auf dem Gebiet des heutigen Wiesbaden

um 400 Germanen vertreiben die Römer vom Rhein

772 Erste urkundliche Erwähnung des Rheingaus als fränkische Grafschaft und des Weinanbaus

829 n. Chr. Erstes Zeugnis von Wisibada (»Bad in den Wiesen«) als Handelsplatz

12. Jh. Epoche der Klostergründungen im Rheingau: Johannisberg (1100), Eberbach (1116), Tiefenthal (1151) in Marienthal; Ausweitung des Weinbaus

Ende des 13. Jhs. Wiesbaden wird Residenz der Nassauer Grafen

1324 Gründung des Rheingauer Landtages, erste Festschreibung von Bürgerrechten

um 1500 In der Werkstatt von Hans Backoffen in Mainz entstehen spätgotische Kreuzigungsgruppen und Grabdenkmäler, die noch heute viele Kirchen im Rheingau schmücken

1525 Während des Bauernkriegs Aufstand der Bauern im Rheingau gegen die Privilegien der Klöster und des Adels; in Wiesbaden Protest gegen die Landesherren

1527 Als Folge des Bauernkriegs Repressalien des Mainzer Erzbischofs gegenüber dem Rheingau

1618–48 Während des Dreißigjährigen Krieges sinkt die Bevölkerungszahl Wiesbadens, die Stadt wird durch Plünderung verwüstet

1666 Im Rheingau grassiert die Pest, Tausende fallen ihr zum Opfer

1806 Wiesbaden wird hessische Landeshauptstadt

1810 Die Fertigstellung des Kurhauses markiert den Aufstieg Wiesbadens zur Weltkulturstadt

1848 Revolution, Demonstrationen vor dem Wiesbadener Schloss

1918–25 Französische Truppen besetzen den Rheingau; der Versuch, eine unabhängige, an Frankreich angelehnte Rheinische Republik zu etablieren, scheitert

1972 Einrichtung der »Rheingauer Riesling Route« zur Förderung des Tourismus

1985 »Der Name der Rose« wird im Kloster Eberbach gedreht

2002 Aufnahme des Mittleren Rheintals in die Unescoliste »Erbe der Menschheit«

2005 Öffentliche Diskussion über einen Antrag auf Aufnahme Wiesbadens in die Unescoliste

Niederwalddenkmal Rüdesheim: Germania mit Schwert und Kaiserkrone

und seine sich bei Rüdesheim anschließende Fortsetzung, das Mittelrheintal, sind auch in kultureller Hinsicht ein Schatzkästchen. Schlösser, Burgen, Kirchen und Klöster prägen die Dörfer.

Einer Laune der Natur hat der Rheingau seine spezifische geografische Eigenart zu verdanken: Nur hier ändert der Rhein, Deutschlands berühmtester Fluss, auf seiner 1000 km langen Strecke nach Norden seinen Lauf und fließt rund 40 km in Ost-West-Richtung, um dem Taunusgebirge auszuweichen. Dies gereicht der Region klimatisch zum Vorteil und verhalf vor etwa 1200 Jahren dem Weinbau zum Durchbruch, nachdem die Römer ihn bereits Jahrhunderte zuvor mitgebracht hatten. So könnten die Voraussetzungen für das Gedeihen der Trauben nicht besser sein. Lange, warme Sommer, kurze, milde Winter und ausreichend Regen, dazu eine ganzjährig starke Sonneneinstrahlung auf den Rhein und die nach Süden gerichteten, ihm zugewandten Weinberge.

> *»Das milde Klima ist ideal für den Weinbau«*

Eine der berühmtesten Rheingauer Weinbergslagen, Steinberg genannt, kommt ohne Ortsnamen daher. Der einstige Lieblingsweinberg der Mönche von Kloster Eberbach ist umgeben von einer 2500 m langen Natursteinmauer, die auf das 13. Jh. zurückgeht. Heute bedecken Weinberge über 30 km² Fläche im Rheingau. Rund vier Dutzend große Weingüter mit mehr als 10 ha sind registriert, zum großen Teil Unternehmen, die seit Generationen in Familienbesitz sind. Ihnen stehen weit über 300 kleinere Winzerbetriebe zur Seite. Zählt man auch noch die etwa 1000 Winzer hinzu, die ihre bis zu 2 ha großen Weinberge im Nebenerwerb kultivieren, so tritt die Sinnfälligkeit der Bezeichnung des Rheingaus als »Weingau« deutlich zu Tage. Ob Freiherr Langwerth von Simmern, Graf von Schönborn oder Baron von Brentano – Weinanbau gehört zum guten Ton, und die Liste der großen Weingüter liest sich wie ein Auszug aus dem Gotha.

Fremdenverkehr ist neben dem Weinbau der wichtigste Erwerbszweig der Region. An historisch bedeutsamen Orten, in Burgen, Klöstern und Schlössern, können Besucher Konzerte und Theateraufführungen genießen. Schwer zu sagen, wann die beste Zeit für den Rheingau ist. Im Herbst, sagen die Genießer, zur Zeit der Traubenlese und der Weinauktion im Kloster Eberbach. Oder im Sommer, wenn keine Woche vergeht, ohne dass nicht irgendwo ein Fest gefeiert wird. Oder gar im Winter, wenn Schnee den Dörfern ein beschauliches Aussehen verleiht, Winzer und Gutshöfe ihre Tore zu Adventsausstellungen öffnen. In diese Zeit fällt auch die Fastnacht mit zahlreichen Umzügen, am bekanntesten der von Kiedrich. Vielleicht aber doch im Frühling, wenn die vielen Bäume die alte Kulturlandschaft in grün schimmerndes Licht setzen und an zahlreichen Straßenständen die ersten frischen Erdbeeren, der erste Ingelheimer Spargel verkauft wird.

»Kultur mischt sich im Rheingau mit Genuss«

Inmitten der schmucklosen und doch so eindrucksvollen Wände der romanischen Basilika des Klosters ertönt ein Saxofon, mischt sich mit gregorianischen Gesängen: Immer wieder finden im Kloster Eberbach außergewöhnliche Musikereignisse statt – und mitunter auch Veranstaltungen spiritueller Natur: Buddhistische Pilger aus Asien, auf Besuch in Europa, beginnen ihre Reise mit einer Meditation im Kloster Eberbach. Und Kultur mischt sich im Rheingau mit Genuss: Vom Frühjahr bis zum Herbst finden zahlreiche Feste und Veranstaltungen statt, bei denen der Rheingauer Wein im Mittelpunkt steht. Kulturellen Genuss wiederum bietet das anspruchsvolle Rheingau-Musik-Festival.

Zwei bedeutende Städte liegen in unmittelbarer Nähe. Als Einkaufsziel sind sie gleichermaßen geschätzt, das volkstümlichere Mainz ebenso wie das feine Wiesbaden. Das »Nizza des Nordens« zehrt noch heute von seiner einstigen Bedeutung als Weltkulturstadt. Nassauische Baumeister schufen einen einzigartigen Bestand an klassizistischen Palästen, Villen und Bürgerhäusern. In der Spielbank – einem historischen Schmuckstück – verlor schon Fjodor Dostojewski viel Geld. Dem russischen Schriftsteller war das Kasino Inspiration für seinen Roman »Der Spieler«. Und eine leidenschaftliche Liebe liefert der Stadt ihr rheinisches Taj Mahal, nämlich die russische Kapelle auf dem Neroberg, eine Grabeskirche, erbaut für eine bei der Geburt ihres ersten Kindes gestorbene Prinzessin. Und heute? Das historische Jugendstilbad Kaiser-Friedrich-Therme glänzt in neuem Gewand, auf der noblen Wilhelmstraße und im Kurbezirk lohnt sich noch immer das Flanieren.

Von Wiesbaden führt die Bäderstraße nach Bad Ems, passiert die Staatsbäder Bad Schwalbach und Schlangenbad. Hier verlief die Ent-

Mehrmals im Jahr gibt es bei Festen ein Feuerwerk auf dem Rhein

wicklung ähnlich wie in Wiesbaden. Nach den Römern erlebten die Bäder ihre kulturelle Blüte, als zu den Kurgästen die österreichische Kaiserin und die Zarin von Russland zählten. In der Umgebung der heute sich ganz bodenständig gebenden Orte liegen kleine Taunusdörfer, in denen die rustikale Küche der Region serviert wird – Kontrastprogramm zum mondänen Wiesbaden und glamourösen Rheingau.

Rheingauer, so heißt es, sind selbstbewusst, streitbar, direkt und aufgeschlossen. Die eher derbe hessische Mundart, die man im Rheingau spricht, passt dazu nicht schlecht. Man kennt sich, ist an jedem und allem interessiert. »Ei, zu wem wolle Se dann?« bekommt der Tourist schon mal zur Antwort, wenn er nach einer bestimmten Straße fragt. Die Freude am Dialekt hält der gleichnamige, 1984 gegründete Rheingauer Verein wach. Ins Leben gerufen wurde dieser u. a. von der Mundartdichterin Hedwig Witte, die über viele Jahre im Wiesbadener Kurier die legendäre, heute auch als Buch erhältliche Kolumne »Ei, was gebb ich for mei dumm Gebabbel« veröffentlichte.

Konzerte in Schlössern, Burgen und Klöstern

Der Humor darf bei allem Engagement im Rheingau aber nicht zu kurz kommen: Im »Spätlesereiter«, einem in der Region gezeichneten und produzierten Comic, der zu den erfolgreichsten Deutschlands gehört, heißt es in Anspielung auf Julius Cäsars »De bello gallico« kurz und prägnant: »Europa in seiner Gesamtheit zerfällt in sechs Teile, in Nord-, West-, Süd-, Ost-, Mitteleuropa und den Rheingau« – entdecken Sie selbst, dass diese Pointe mehr als ein Bonmot ist!

Weib
Philister lebt auf Erden – kann auch im

Burgen und Gebück, Büttchen und Sekt

Notizen zu den Besonderheiten einer Region, in der selbst (längst vergangene) Freistaaten weinselige Namen tragen

Äskulapnatter
Ihr Anblick soll Glück verheißen: Bis zu 2 m lang wird die im Rheingau beheimatete, unter Naturschutz stehende Äskulapnatter. Die dunklen, auf der Bauchseite hellgelb leuchtenden Tiere schätzen sonnige Täler, Bruchsteinmauern und die Nähe warmer Quellen. Das Heilbad Schlangenbad verdankt den ungiftigen Nattern seinen Namen. Die lateinisch *Elaphe longissima* genannte Art war das Vorbild für das Symbol des antiken Gottes der Heilkunst und der Ärzteschaft, den Äskulapstab. Vermutlich wurden die Tiere zur Zeit der Römer als Tempelschlangen im Rheingau angesiedelt.

EBS
Das Kürzel steht für European Business School. Die Ende der Siebzigerjahre gegründete private Wirtschaftshochschule entwickelte sich zu einer Eliteschmiede für den Businessnachwuchs. Die Zugangsvoraussetzungen sind anspruchsvoll, die Studiengebühren nicht niedrig, die lehrenden Professoren werden unterstützt durch externe Dozenten aus der Wirtschaft und international erfolgreiche Manager. Integriert in das Studium sind zwei Auslandssemester, als Abschluss winkt der MBA, der Master of Business Administration. Hauptsitz der Hochschule ist das zu Oestrich-Winkel gehörige Schloss Reichartshausen. Studenten und Dozenten nutzen außerdem die daneben liegende Burg sowie ein neu errichtetes Gebäude, das Bibliothek und Mensa beherbergt. Der Lehrstuhl für Immobilienökonomie ist im historischen Bau des ehemaligen Oestricher Rathauses untergebracht. Und im Obergeschoss des gegenüberliegenden Gasthauses Krone residiert der Lehrstuhl »Corporate Finance and Capital Markets«.

Holzerker in der Rüdesheimer Drosselgasse: Weinselige Szenen prägen auch das Schnitzwerk

Erbe der Menschheit
Die Entscheidung fiel 2002: Das obere Mittelrheintal wurde in die Unescoliste des Erbes der Menschheit aufgenommen. Damit befindet sich die Region zwischen Rüdesheim und Bingen im Süden sowie Koblenz im Norden in bester Gesellschaft. 65 Flusskilometer und 21 aus dem Mittelalter stammende Burgen: Wer die kurvenreiche Stre-

cke entlangfährt, der passiert – rein rechnerisch – alle 3 km eine neue Burg.

Fachwerkhäuser

Von Jahr zu Jahr scheinen es mehr zu werden: Im Rheingau begegnen Besucher heute überall den schönsten Fachwerkhäusern. Tatsächlich wurden im Lauf der Altstadtsanierungen seit Mitte der Siebzigerjahre viele versteckte Fachwerke wieder freigelegt. Von Putz und Verschieferung befreit, traten die kunstvollsten Konstruktionen ans Licht. Ältere Fachwerkhäuser aus dem 17. Jh. waren als Putzfachwerk erbaut, hier dienten also die Gefache von vornherein nur statischen Zwecken. Im 18. Jh. hingegen entstanden prächtige, als Sichtfachwerke konzipierte Häuser. Die Giebelseiten sind gelegentlich geschmückt mit prächtigem Zierfachwerk. Selten ist im Rheingau indes die dekorative Bemalung des Zierfachwerks.

Fastnacht

Die »fünfte Jahreszeit« wird im Rheingau ausgiebig und ausgelassen gefeiert. Hochburg ist zweifellos Kiedrich, wo das närrische Treiben am Donnerstag beginnt und mit dem Rosenmontagszug seinen Höhepunkt hat. In vielen weiteren Orten (wie Hattenheim, Hallgarten, Marienthal, Lorch und Aulhausen) sowie in der Landeshauptstadt Wiesbaden finden an unterschiedlichen Tagen Fastnachtsumzüge statt – besonders prächtig in Kiedrich.

Gebück

Wie im Märchen von Dornröschen: Eine gewaltige Hecke aus Hainbuchen und allerlei Strauchwerk, das so genannte Gebück, schützte den Rheingau über Jahrhunderte gegen Eindringlinge. Die Mainzer Erzbischöfe zeichneten verantwortlich für diese effektive Form der Landwehr, die vom 12. bis 18. Jh. die Region zwischen Walluf, der »Pforte des Rheingaus«, und Lorchhausen vor Angreifern schützte. Bollwerke sicherten die wenigen durch das Gebück führenden Wege. Nachdem das Gebück 1770 aufgegeben wurde, sind heute nur noch wenige Überreste der Landwehr erhalten. Bekannt ist die Mapper Schanze, ein 1492 errichteter Torturm nahe dem Rhein-Höhenweg oberhalb von Hallgarten.

Japan

Japaner bilden neben US-Amerikanern die wichtigste Besuchergruppe im Rheingau. Grund genug, immer wieder die Werbetrommel in Nippon zu rühren. Nachdem Weinkönigin Daniela Wendling in Japan für den Rheingau geworben hatte, reiste kürzlich sogar ein japanisches Filmteam in die Region, um hier für eine beliebte Dokumentationsreihe zu drehen. Der in Japan berühmte Moderator Hideo Shinozawa, Professor für französische Literaturgeschichte, drehte mit der Mannschaft des Privatsenders TBS einen 45-minütigen Beitrag über den Rheingau. Gezeigt wurden die bereits vielen Japanern bekannten Highlights wie Kloster Eberbach, Schloss Vollrads, Schloss Johannisberg und Rüdesheim. Sogar das Loreley-Lied wurde den Zuschauern präsentiert – gesungen vom Filmteam in einer japanischen Version.

Klöster

Viele Jahrhunderte lang waren es Klöster, die im Rheingau das gesellschaftliche, kulturelle und wirtschaftliche Leben prägten. Mönche und Nonnen waren nicht nur für die Belange des geistigen Lebens zuständig, sondern betrieben auch Viehzucht und Weinbau. An einige dieser Klöster erinnern heute nur noch Mauerreste, wie zum Beispiel an das ehemalige Nonnenkloster Gottestal im Pfingstbachtal bei Mittelheim, das 1803 aufgelöst wurde. In anderen, wie dem von Benediktinerinnen bewohnten Hildegardiskloster in Rüdesheim, wird heute noch nach den überlieferten Klosterregeln gelebt. Als Wallfahrtsziel ist Kloster Marienthal weiterhin von nationaler Bedeutung. Eberbach, das berühmteste der Rheingauer Klöster und ein Architekturdenkmal von internationaler Bedeutung, ist heute eine Stiftung und unter anderem auch Schauplatz des Rheingauer Musikfestivals. Einst beherbergten die Mauern von Kloster Eberbach den bedeutendsten Mönchsorden des Mittelalters: die Zisterzienser, die ganz nach den strengen Regeln des heiligen Benedikt lebten.

Rheinromantik

Dichter und Denker, Komponisten und Gelehrte – in der zweiten Hälfte des 19. Jhs. entdeckten sie ihre Liebe zum Rhein, verewigten ihn in Gedichten und Liedern. Der Wunsch nach (Ritter-)Romantik und einer Vergangenheit, die voller Abenteuer steckte, ließ den Rheingau als urdeutsches Reiseziel erblühen. Und die Architekten unterstützten die Sehnsucht nach Rheinromantik, indem sie sogar künstliche Burgruinen schufen, etwa 1873 die Ruine Schwarzenstein bei Johannisberg.

Sekt

Neben Frankreich gehört Deutschland zu den weltweit größten Sektproduzenten – und daran hat der Rheingau einen beträchtlichen Anteil. Die Auswahl der Grundweine bestimmt maßgeblich die Qualität

Ob Sekt, ob Wein: Erst der Winzer sorgt im Weinkeller für den letzten Schliff

Freistaat Flaschenhals

Kein Scherz, sondern eine Laune der Geschichte

In den Zwanzigerjahren des 20. Jhs. existierte zwischen Lorch und Kaub der winzige »Freistaat Flaschenhals«, sogar über eigenes »Notgeld« verfügten die Bürger der beiden Gemeinden. Dieses sonderbare Gebilde hatte sich nach dem Ersten Weltkrieg im Zuge der Besetzung durch die Armee der Alliierten entwickelt. Sowohl die amerikanische als auch die französische Siegermacht bildeten halbkreisförmige Brückenköpfe in der Region. Da sich diese nicht überlappten, blieb ein unbesetzter Raum in Form eines Flaschenhalses übrig, abgeschnitten vom übrigen Deutschland der Weimarer Republik. Die groteske Situation dieses Freistaats währte immerhin vier Jahre von 1919 bis 1923.

des Sekts. Ein weiteres Gütekriterium ist die Art der »Sektwerdung«, wobei die Flaschengärung, also das Champagnerverfahren mit langer Reifung auf der Hefe in der originalen Sektflasche, die anspruchsvollste Form der Herstellung ist. In Eltville begann Matheus Müller 1837 mit der Schaumweinproduktion. Heute gehört MM extra zu den großen Sektmarken im mittleren Preissegment. In Rüdesheim produziert seit 1919 die Sektkellerei Ohlig. Aus Riesling, Spät- und Weißburgunder sowie aus Chardonnay entstehen sowohl Cuvées (aus Weinen unterschiedlicher Lagen und Jahrgänge zusammengesetzt) als auch Jahrgangs- und Lagensekte. Auf Edelsekte konzentriert sich Schloss Vaux, dessen Manufaktur nach dem Ersten Weltkrieg nach Eltville übersiedelte. Die Vaux-Sekte werden alle in klassischer Flaschengärung hergestellt. Neben den großen Sektkellereien bieten immer mehr Winzer einen eigenen Rieslingsekt an.

Traubenlese

Vom Weinstock ins *Büttchen* und anschließend in die von kräftigen Helfern auf dem Rücken getragene *Bütt* – dieses Bild bestimmte Jahrhunderte lang die Weinlese. Doch auch bei der Traubenlese gibt es Veränderungen: Neben der Lese von Hand setzt sich immer mehr die maschinelle Ernte durch. Voraussetzung für den Einsatz von Erntemaschinen ist ein größerer Abstand zwischen den einzelnen Rebzeilen. Nur dann können die hohen und breiten Maschinen durch Klopfen und Rütteln die Trauben ernten. Die herabfallenden Früchte werden von einem Lamellensystem aufgefangen, das die Rebstöcke umschließt und die Trauben anschließend auf einem Förderband zum Auffangbehälter transportiert. In wenigen Stunden können auf diese Weise ganze Weinberge abgeerntet werden. Kleinere Weinbaubetriebe und solche, deren Weinberge auf Steillagen angelegt sind, lassen nach wie vor mit der Hand lesen –

an sonnigen Herbsttagen eine reizvolle, wenngleich anstrengende Beschäftigung. Übrigens: Zur Zeit der Traubenlese sind die Weinberge für Spaziergänger tabu.

Weinbau

Von seiner Fläche her (3200 ha) ist der Rheingau eines der kleinsten deutschen Weinanbaugebiete. Der Geschmack des Rheingauer Weins ist geprägt von dem milden Klima und den unterschiedlichen Weinbergslagen. Schieferverwitterungsböden und starke Sonneneinstrahlung auf Steillagen sind ausschlaggebend für Frucht und Eleganz der Rüdesheimer Weine. Reich an Volumen und Gehalt sind die Johannisberger Weine, verursacht durch steinigen Lössboden. Quarzitböden und ebenfalls steiniger Löss prägen die Qualität der Trauben in Oestrich, Mittelheim und Winkel, die von Kennern als fruchtig-würzig, reich und vollmundig beschrieben werden. Marcobrunn, Steinberg und Nussbrunnen sind die Lagennamen, die den Eltviller Wein international bekannt machten. Vulkanische Phylitböden dominieren in Rauenthal und prägen den fruchtbetonten, säurehaltigen Charakter der dortigen Rieslingweine. Immer beliebter werden in den letzten Jahren nach ökologischen Gesichtspunkten angebaute Weine. Das Rüdesheimer Weingut Georg Breuer, dessen Weine internationales Renommee besitzen, setzt auf naturgemäßen Weinbau mit geringeren Erträgen (durchschnittlich 40 hl/ha), auf saisonale Begrünung und auf Abkehr von der Monokultur. Das Kürzel VDP steht für den 1910 gegründeten Verband Deutscher Prädikatsweingüter. Zu diesem prestigeträchtigen Zusammenschluss, der hilft, die besten deutschen Weine weltweit zu vermarkten, gehören auch mehrere im Rheingau ansässige Winzer.

An den steilen Rheinhängen ist die Weinlese ein mühseliges Unterfangen

Weck, Worscht und Woi

Gutsausschänke und Straußwirtschaften locken mit regionalen Spezialitäten – doch die Hauptrolle spielen die Riesling- und Spätburgunderweine

Die hessische Küche ist bäuerlich geprägt und orientiert sich an den Jahreszeiten. In dieser Tradition stehen auch die zahlreichen im Rheingau vertretenen Gutsausschänke und Straußwirtschaften. Neben kalten Speisen wie Handkäs mit Musik, Spundekäs und Wurstbrot werden dort auch einfach zubereitete warme Speisen angeboten. Klassiker sind Bratkartoffeln und Sülze, Winzersuppen und im Herbst Zwiebelkuchen.

Neben den zahlreichen in jedem Ort vertretenen Restaurants, die klassische bürgerliche Küche (Schnitzel, Steak & Co.) servieren, lebt im Rheingau und in Wiesbaden auch eine Haute Cuisine. In einer Reihe von Feinschmeckerrestaurants bereiten engagierte Köche aus besten, erntefrischen Zutaten köstliche Gerichte, die ihnen glückliche Gäste und hohe Wertungen in den Gourmetführern sichern. Im Trend liegt eine leichte Küche, die aus den Traditionen schöpft und diese zugleich phantasievoll ergänzt. So wird etwa warme Blutwurst mit Currysauce kombiniert, Rotkohl mit frischen Feigen gedünstet, wird die Buttermilchsülze von der Forelle aus dem Wispertal mit ausgebackenen Zucchiniblüten serviert und das Freilandschwein in Holunderblütenöl geschmort.

Typisch »Weingau«: Was auch immer auf den Tisch kommt – ein Glas Wein gehört im Rheingau dazu

»Glorreiche Tage« heißt die jährlich im November stattfindende Woche mit einer Fülle von Veranstaltungen, bei der beste Weine und beste Küche zusammenkommen. Prädikatsweine aus dem Rheingau werden zu den Kreationen renommierter Köche gereicht. Die teilnehmenden Restaurants bieten besondere mehrgängige Menüs; Höhepunkt ist die Rieslinggala im Laiendormitorium von Kloster Eberbach.

Mit der Devise »Hauptgerichte zum halben Preis« werben die Herausgeber des Schlemmerpasses. Mit dem Erwerb dieses jährlich (in zwei separaten Ausgaben für Wiesbaden und für den Rheingau) erscheinenden Gutscheinbuchs erhalten zwei Personen in ausgesuchten Restaurants nach Bestellung eines Hauptgerichts ein zweites kostenlos. Die an der Aktion teilnehmenden Etablissements erstrecken sich von Wiesbadens Innenstadt bis in den hinteren Rheingau. Erhältlich ist

Spezialitäten im Rheingau

Lassen Sie sich diese Köstlichkeiten gut schmecken!

Forelle – meist im Wispertal im Taunus gezüchtete und über Tannenholz geräucherte Wisperforelle

Handkäs mit Musik – Harzer Käse, eingelegt in Öl und Zwiebeln

Hausmacherplatte – deftiger Teller mit Brot, Butter, Leberwurst, Blutwurst, Sülze und eventuell Schweinebraten

Maibowle – mit Waldmeister angesetzte Bowle aus Sekt und Weißwein

Martinsgans – im Backofen gebratene Gans mit Klößen und Maronen

Pellkartoffeln mit Frankfurter grüner Sauce – neue Kartoffeln mit einer aus sieben frischen Kräutern gerührten Joghurt- bzw. Mayonnaisesauce

Quetschekuche – Zwetschgen- bzw. Pflaumenkuchen

Schlachtplatte – verschiedene Würste, Schnitzel, Braten, ganz traditionell gehört auch eine *Worschtsupp* dazu

Rüdesheimer Kaffee – heißer, süßer Kaffee mit Sahnehaube und einem Schuss Asbach Uralt

Spargel – kommt im Rheingau meist aus Ingelheim und wird mit Butter oder Sauce hollandaise und (geräuchertem) Schinken serviert

Spundekäs – mit Kräutern verfeinerter Doppelrahmfrischkäse

Sülze – Aspik in unterschiedlichen Zubereitungsarten, im Sommer häufig aus Rindfleisch, dazu reicht man Bratkartoffeln, Brot und Meerrettich

Uffgesetzter – mit eingelegten Früchten verfeinerter Tresterschnaps, aus den Rückständen nach dem Auspressen der Weintrauben gebrannt

Wildschweinsülze – Spezialität im Herbst und Winter, oft von im Rheingau erlegten Wildschweinen

Winzersuppe – die Rezepte mögen unterschiedlich sein, Kräuter, Sahne und ein Schuss Riesling gehören meist dazu

Winzerweck – Roggenbrötchen, überbacken mit gekochtem Schinken und Käse

Worschtsupp – Flüssigkeit, in der beim Schlachten Leberwurst, Griebenwurst und Kesselfleisch gar gekocht werden

Zwiebelkuchen – Blechkuchen aus Hefeteig, geräuchertem Speck, milden Gemüsezwiebeln und Sauerrahm

das Büchlein *(www.schlemmenundsparen.de)* bei der Touristeninformation in Oestrich-Winkel sowie in zahlreichen Buchhandlungen in Wiesbaden und im Rheingau.

Auf Grund ihres niedrigen Alkoholgehalts und der fruchtigen Säure gelten die Rheingauer Rieslingweine als gute Begleiter der Speisen. Es gilt allerdings, einige Grundregeln zu beachten. So sollte der Alkoholgehalt des Weins auf das jeweilige Essen abgestimmt sein. Je deftiger die servierten Speisen, desto besser passen Qualitätsweine mit einem höheren Alkoholgehalt dazu als Kabinettweine. Zu Salaten munden ausgezeichnet halbtrockene Rieslingweine, die die Säure der Salatsauce mildern. Zum Dessert werden gern Rieslingauslesen gereicht; nur Zitrussorbets machen dabei eine Ausnahme, da deren Säure nicht mit der des Weines harmoniert.

Als Aperitif empfiehlt sich ein Glas Sekt, denn in dieser Region hat nicht nur der Weinanbau, sondern auch die Produktion von Sekt eine lange Tradition. Neben den großen, auch international bekannten Marken trinkt man verstärkt Winzer- oder Rieslingsekt. Aus imagefördernden Gründen gehen auch kleinere Weinbaubetriebe dazu über, ihre eigenen Weine versekten zu lassen. Die gesetzlichen Bestimmungen sind eindeutig: Rieslingsekt darf auf dem Etikett nur dann stehen, wenn die Cuvée zu mindestens 85 Prozent aus Rieslingweinen besteht.

Als Spezialität steht im Herbst, kurz nach Beginn der Traubenlese, in den Lokalen und Gutsausschänken der Federweiße auf der Karte. Der milchig-trübe Saft entsteht bei der Traubenmostgärung; er ist nicht nur hefe- und vitaminreich, sondern wirkt auch verdauungsfördernd. Der Alkoholanteil ist zu Beginn gering (ca. zwei bis vier Prozent) und steigt mit dem Fortschreiten des Gärprozesses nach und nach an.

Was die Buschenschänken in Österreich oder die Besenwirtschaften in Baden-Württemberg, sind im Rheingau die Straußwirtschaften – eine volkstümliche Art, den Wein zu genießen, nämlich direkt beim Erzeuger. Während größere Winzer ihre Gutshöfe das ganze Jahr über geöffnet haben, dürfen Feierabend- und Nebenerwerbswinzer vier Monate im Jahr Gäste empfangen. Die auf Karl den Großen zurückgehende Erlaubnis sieht jedoch vor, dass ausschließlich Weine der eigenen Produktion ausgeschenkt werden. Der äußere Rahmen der per Gesetz auf 40 Sitzplätze beschränkten Ausschankorte mag stark variieren – von nüchtern-schlicht (wenn es sein muss, auch in der Garage) bis urig-volkstümlich –, auf den Tisch kommen jedoch stets die eigenen Weine sowie regionale Spezialitäten. Gourmetküche können Sie in Straußwirtschaften nicht erwarten, denn im Vordergrund steht der Wein. Weck und Worscht, also ein Brötchen mit Fleischwurst, sind allerdings immer dabei. »Wo 's Sträußche hängt, wird ausgeschenkt« lautet das Motto, und dies ist auch der Titel eines im Rheingau in fast allen Buchhandlungen vorrätigen Führers, der Straußwirtschaften porträtiert.

Die in der Regel von April bis Oktober geöffneten Weinprobierstände, anzutreffen u. a. in Eltville, Erbach, Hattenheim, Oestrich-Winkel, Martinsthal und Kiedrich, werden von einzelnen Winzern bestückt, die zu festen Zeiten ihre Produkte ausschenken.

SCHLOSS
VOLLRADS
2003
Qualitätswein
trocken
Rheingau · Riesling
Gutsabfüllung
Weingutsverwaltung Schloss Vollrads
D-65375 Oestrich-Winkel
A.P. Nr. 27 074 03004
alc. 12.0% vol

Weingüter und Klosterläden

Neben Wein und Winzersekt locken in der Region zahlreiche Spezialitäten fern von industrieller Massenfertigung

Typischen Souvenirkitsch findet man im Rheingau eher selten, einmal abgesehen von den Miniaturweingläsern mit vergoldeter Bemalung, den Püppchen in Winzerinnentracht, der Küferpuppe mit roter Trinkernase, auf die in Rüdesheim so manche Besucher aus dem Ausland irritiert schauen.

Die regelmäßig veranstalteten Antikmessen und Flohmärkte sind eine Schatzkiste für Liebhaber antiker Kleinmöbel, historischen Spielzeugs, bibliophiler Ausgaben. Daneben locken zahlreiche auf Antiquitäten spezialisierte Geschäfte in den Dörfern von Rheingau und Taunus. In Wiesbaden gilt die Taunusstraße als Antiquitätenmeile.

Eine Fundgrube für hausgemachte Spezialitäten, für Marmeladen aus Traubensaft und Maulbeeren sind besonders die Wochenmärkte. Selbst gemachte Konfitüren werden auch in vielen Obst- und Gemüseläden angeboten. Im Frühjahr und im Sommer trifft man sie auch am Straßenrand: An kleinen Ständen wird das Gemüse, das Obst der Saison verkauft. Den Anfang macht der (hauptsächlich in Ingelheim angebaute) Spargel, eine Delikatesse im zeitigen Frühjahr. Es folgen Erdbeeren und Kirschen.

Mitbringsel Nr. eins: natürlich Wein

Das ganze Jahr über kann man im Wispertal frisch über Tannenholz geräucherte Forellen kaufen, eine Delikatesse, die viele lieber gleich an Ort und Stelle verzehren.

Im Kloster Eberbach sind mehrere Schätze für Freunde bibliophiler Kunst erhältlich: Der »Atlas der Traubensorten« z. B. ist ein Nachdruck der Originalausgabe aus dem 19. Jh.; der kenntnisreiche Text wird durch 30 farbige Abbildungen ergänzt.

Einen Besuch lohnt auch der Klosterladen der Benediktinerinnenabtei St. Hildegard bei Rüdesheim. Unter der Firmenbezeichnung »Dinkel & Likör« vertreiben die Schwestern 65 verschiedene Dinkelprodukte. Aus dem eigenen Klosterweingut stammen Riesling und Spätburgunder, die Sie im Probierstübchen kosten können.

Besonders beliebt sind im Rheingau natürlich Flaschenweinpräsente, repräsentativ im Einzel- oder im Dreierkarton verpackt. Ein schönes Souvenir sind auch Probiergläser (0,1 l), auf denen der Name des jeweiligen Weinguts steht.

Feste, Events und mehr

Das ganze Jahr über wird gefeiert, finden kulturelle Veranstaltungen statt

Nahezu jeder Ort im Rheingau und Taunus richtet pro Jahr ein (Volks-)Fest aus. Es beginnt meist während der Fastnacht, wenn Um-

Frau im Biedermeierkostüm

züge veranstaltet und Festzelte aufgebaut werden. Zu der lokalen *Kerb* (Kirmes) mit traditionellem Rummelplatz gesellen sich oft spezifische, kulturell geprägte Feste mit einem bestimmten Themen-schwerpunkt. Viele der Feste stehen ganz im Zeichen des Weines, der dann an ungezählten Ständen ausgeschenkt wird.

Feste und Events

Februar/März

Fastnacht: Umzüge in vielen Dörfern, der größte ist der *Rosenmontagszug* in Kiedrich. Ebenfalls in Kiedrich findet am Donnerstag zur Altweiber-fassenacht die Insider Tipp *Schnorrerallye* statt. Maskierte schnorren in Kiedricher Kneipen und Restaurants, die abschließende Demaskierung und Prämierung findet gegen Mitternacht im Fastnachtszelt statt.

Erstes Märzwochenende

Insider Tipp *Rüdesheim Clubline:* zwei Nächte mit Musik (Beat, Rock, Blues, Reggae ...), 28 Bands spielen in 14 Restaurants, Cafés und Weingütern von Rüdesheim.

Mai/Juni

Insider Tipp *Magic Bike Rally Rüdesheim* am auf Fronleichnam folgenden Wochenende: starkes Aufgebot mit Hunderten von Harley-Davidson-Fahrern aus aller Welt mit üppigem Beiprogramm. *www.magic-bike-rally.com*

Juni

Beim *Theatrium* an einem Wochen-ende Mitte Juni heißt es sehen und gesehen werden auf Wiesbadens Pracht- und Flaniermeile Wilhelmstraße. Hummer und Co. an den Ständen, Schampus und Cocktails werden ausgeschenkt.

★ *Tal Total:* Am letzten Junisonntag wird zwischen Rüdesheim und Lahnstein die B 42 und zwischen Bingen und Koblenz die B 9 für Autos gesperrt – Fahrradfahrer, Inlineskater und Spaziergänger sind zu Tausenden unterwegs. Pausiert wird an den zahlreichen Ständen, die für das leibliche Wohl und für Unterhaltung sorgen.

Mitte Juni–Ende August

In der einmaligen Kulisse der historischen Burg finden im Rahmen der *Burghofspiele Eltville* zahlreiche Konzerte und Theateraufführungen statt. *www.burghofspiele.de*

Erstes Juliwochenende

Sektfest und Biedermeierfest Eltville: Sekt und Weinstände am Rheinufer und um die Kurfürstliche Burg, abschließendes Feuerwerk am Montagabend

Rhein im Feuerzauber: In Rüdesheim werden die Burgen illuminiert, Feuerwerke sorgen für Feststimmung. *www.rhein-im-feuerzauber.de*

Juli/August

★ *Rheingau-Musik-Festival:* Mehr als 140 Konzerte auf über 40 Bühnen des Rheingaus mit Weltklassesolisten und -Orchestern. *www.rheingau-musik-festival.de*

Neun Tage Mitte August

★ *Wiesbadener Weinwoche:* Höhepunkt des jährlichen Treibens um Sekt, Wein und Gourmetküche.

September

Tag der offenen Weinkeller, jeweils zwei Tage in den unterschiedlichen Weinorten: Rheingauer Winzer laden zur Kellerbesichtigung und Verkostung in ihre Güter.

Erste Novemberhälfte

Die Glorreichen Tage: Während der einwöchigen Veranstaltung bringen ausgesuchte Restaurants und Weingüter Weine des VDP und die Kreationen renommierter Köche zusammen. *www.vdp-rheingau.de*

Dezember

Während der Adventssonntage finden in den Gemeinden kleine und überaus stimmungsvolle *Weihnachtsmärkte* statt, besonders schön z. B. in Kiedrich und Eltville. In der Rüdesheimer Altstadt wird der *Weihnachtsmarkt der Nationen* mit etwa 120 Ständen aufgebaut.

Fastnacht feiert man mit Umzügen

Reichtum und Glanz einer Kurstadt

Historisch, gepflegt, mondän – die hessische Landeshauptstadt beeindruckt viele Besucher

Karte in der hinteren Umschlagklappe

Entlang der Wilhelmstraße stauen sich die Wagen: Bugatti, Porsche 356 und Austin Healey. Die anlässlich einer Oldtimerrallye am Kurhaus eintreffenden Automobile passen gut ins Bild Wiesbadens als wohlhabender Stadt mit Lebensart. In der hessischen Landeshauptstadt, wird gern gezeigt, was man hat. Tatsächlich leben in Wiesbaden, bezogen auf die Bevölkerungszahl, die meisten Millionäre Deutschlands.

Zwischen Rhein und Taunus gelegen, schmiegt sich die elegante Kurstadt in eine Talsenke der südlichen Mittelgebirgsausläufer. Ihr Aufstieg begann mit der Wahl zur Residenzstadt der Nassauer Herzöge im Jahr 1806. Später sorgten vor allem die Hohenzollernkaiser Wilhelm I. und Wilhelm II. dafür, dass sich Wiesbaden zur Weltkulturstadt entwickelte. Das einzigartige Aussehen der Stadt wird maßgeblich durch den Historismus geprägt, eine architektonische Stilrichtung, die die Epoche vom frühen 19. Jh. bis zum Ersten Weltkrieg umspannt. Historismus ist eine eklektizistische Stilform, die sich in der Nachahmung früherer Stile erschöpft, entweder als Neuauflage eines einzelnen oder als Mischung mehrerer Stile. Prächtige Bürgerhäuser und öffentliche Gebäude mit repräsentativen Fassaden sind in jener Epoche entstanden, klassizistische Villen und Gebäude der Kaiserzeit prägen das Stadtbild. Keine andere deutsche Stadt repräsentiert diesen Stil so ausgeprägt.

Auf einer Säule des Marktbrunnens vor dem Alten Rathaus präsentiert der nassauische Löwe das Stadtwappen mit drei goldenen Lilien

Die Nerobergbahn in voller Fahrt

Einzigartig sind auch die ehemaligen Villenviertel des Großbürgertums: 1818 entwarf Christian Zais zwischen Wilhelm-, Taunus-, Röder-, Schwalbacher und Friedrichstraße einen Plan geschlossener Landhausbebauung, der zwei Jahrzehnte später realisiert wurde. Da

Im klassizistischen Schloss von 1842 tagt heute das hessische Parlament

sich die Bebauung mit Villen noch weiter ausbreitete, konnte Wiesbaden sogar erfolgreich mit Berlin konkurrieren. Und weil Wiesbaden im Zweiten Weltkrieg nur wenig zerstört wurde, präsentiert es sich heute quasi als architektonisches Freilichtmuseum.

Bereits vor 2000 Jahren blühte hier das Badewesen. An den heißen Quellen von Aquis Mattiacis fanden schon die Römer Erholung sowie Linderung von Beschwerden. Im Lauf der Jahrhunderte entwickelte sich Wiesbaden dann zur überregional bedeutenden Kurstadt. Zu Zeiten Kaiser Wilhelms gab es an die 250 Badehäuser.

Im Zentrum der 300 000-Ew.-Stadt, heute Teil der Fußgängerzone, liegen die Marktstraße und der Schlossplatz. Das Schloss, Sitz des hessischen Landtags, das Alte Rathaus und die Marktkirche zählen zu den schönsten Bauwerken der Stadt. Die das innere Zentrum nach Osten hin begrenzende Wilhelmstraße verströmt mondänes Flair: In Wiesbadens Prachtstraße finden Sie teure Boutiquen und auf der dem Kurpark zugewandten Straßenseite Kasino, Theater, Tanzschulen, exklusive Verbände und Geschäftsvillen. Leider ist auch Wiesbaden nicht verschont geblieben vom Untergang traditionsreicher Fachgeschäfte. Immer mehr weichen alteingesessene Einkaufsadressen nichts sagenden Ramschläden und Billigketten – eine Verarmung des Innenstadtlebens.

Unterschiedlich ist die Atmosphäre in den jeweiligen Vierteln. Studenten und junge Akademiker schätzen die großzügigen Altbauwohnungen des Rheingauviertels im Westen zwischen 1. und 2. Ring. Ebenso wie im einst als »Katzeloch« verschmähten Bergkirchenviertel im Nordwesten des historischen Fünfecks finden sich hier umfassend restaurierte klassizistische Wohnbauten. Das Westend ist das lokale Kneipenviertel; im »Bermudadreieck« zwischen Taunus-, Röder-

und Coulinstraße liegen zahlreiche Bars, Restaurants und Kneipen.

SEHENSWERTES

Altes Rathaus und Schloss [U E2]

Am Ende der Marktstraße, einer der gepflegten Einkaufsstraßen in der Wiesbadener Innenstadt, erhebt sich ein Ensemble historischer Bauwerke: Das ockerfarbene Alte Rathaus präsentiert sich heute im Stil der Gründerzeit, geht in Teilen aber zurück auf das Jahr 1610. Die Reliefs zeigen allegorische Darstellungen der Tugenden Klugheit, Mäßigung, Stärke, Gerechtigkeit und Nächstenliebe.

Gegenüber erhebt sich die einstige Residenz der nassauischen Herzöge und der Hohenzollern, das 1842 im Stil des romantischen Klassizismus errichtete Schloss. Das gewaltige Eckgebäude ist heute Sitz des hessischen Landtags.

Biebricher Schloss und Schlosspark [114 B4]

Schon Goethe schwärmte bei seinem Besuch 1815 von dem herrlichen »Lustschloss«. Der ehemalige Sitz der Fürsten von Nassau, von 1701 bis 1746 als Barockschloss erbaut, leuchtet in auffälligem Rot und Weiß direkt am Rheinufer. Der im Zweiten Weltkrieg zerstörte Ostflügel wurde 1982 wieder aufgebaut. Heute ist der lang gestreckte, dreiflügelige Schlossbau Sitz verschiedener Behörden und dient der hessischen Landesregierung zu Repräsentationszwecken. Der Öffentlichkeit zugänglich ist der wunderschöne Schlosspark. In den alten Bäumen hat eine Kolonie ausgewilderter Kleinpapageien ihre neue Heimat gefunden. Die im Park liegende Mosburg wurde im 19. Jh. im Zuge der Rheinromantik als künstliche Ruine erbaut. Davor bildet der Mosbach einen kleinen Teich – ein hübscher Ort für ein Picknick. Insider Tipp Zum jährlich im Schlosspark stattfindenden Pfingstturnier reisen die besten Dressur- und Springreiter der Welt an. Und von März bis Oktober findet jeden dritten Samstag im Monat vor dem Schloss ein beliebter Flohmarkt Insider Tipp (auch Antiquitäten) statt. *Frei zu-*

Marco Polo Highlights »Wiesbaden & Umgebung«

★ **Nerobergbahn**
Mit der historischen Wasserbahn geht es hinauf auf den Wiesbadener Hausberg (Seite 30)

★ **Spielbank**
»Faites votre jeu« hieß es hier schon für Dostojewski (Seite 35)

★ **Kaiser-Friedrich-Therme**
Wellness im Jugendstilbad (Seite 35)

★ **Russische Kapelle**
Trauriges Ende einer deutsch-russischen Lovestory (Seite 31)

★ **Schwarzer Bock**
Stilvoller Luxus im ältesten Hotel Deutschlands (Seite 34)

gänglich, Zugänge: Am Schlosspark, Am Parkfeld, Mosburgstr. und Rheingaustr.

Kochbrunnen **[U E1]**
15 zusammengefasste Quellen speisen das 66 Grad heiße Wasser des Kochbrunnens, das hier täglich aus der Erde sprudelt. Die Quellen sind ergiebig: Pro Minute fließen 350 l Wasser. In der 1890 eingeweihten Brunnenhalle können Besucher einen Schluck des salzhaltigen Wassers probieren. *Kranzplatz*

Marktkirche **[U E2]**
Aus roten Ziegelsteinen im neogotischen Stil erbaut, wurde die markante evangelische Hauptkirche 1862 fertig gestellt. Auffällig ist die grazile Höhe des Bauwerks, 98 m streckt sich der Westturm in den Himmel. Bemerkenswert ist die reiche skulpturale Gestaltung des Chors. Regelmäßig finden Konzerte statt, und zur Marktzeit erklingt jeden Samstag um 11.30 Uhr Orgelmusik. *Marktplatz*

Nerobergbahn **[114 B2]**
★ Etwa vier Minuten dauert die Fahrt auf Wiesbadens Hausberg: Europas einzige Drahtseil-Zahnstangen-Bahn, die mittels Wasserballast angetrieben wird, ist die Nerobergbahn. Sie wurde 1888 durch Kaiser Wilhelm II. in Betrieb genommen. 438 m liegen zwischen Tal- und Bergstation mit einem Höhenunterschied von 83 m. Ein über 100 m langer Viadukt erstreckt sich in fünf Gewölben über das Nerotal. Ein gewaltiger Wassertank an der Bergstation fasst 370 000 l; je nach Anzahl der zu befördernden Personen wird der Wagen an der Bergstation mit Wasser betankt. Während er nach unten fährt, zieht er den anderen Wagen nach oben. An der Talstation angelangt, wird das Wasser abgelassen und wieder auf den Neroberg gepumpt. Heute

Macht ganz schön Dampf: Das 66 Grad heiße Wasser im Kochbrunnen

steht die Bahn unter Denkmalschutz, ist aber nach wie vor im Einsatz. *Ostern–April und Sept./Okt. Mi 12–19, Sa/So 10–19, Mai bis Aug. tgl. 9.30–20 Uhr, Einzelfahrt 2 Euro, retour 2,80 Euro, www.nerobergbahn.de*

Ringkirche **[U C4]**
Seit 2003 ist die – neben der Marktkirche – zweite große evangelische Kirche »Nationales Kulturdenkmal«. 1877 hat man sie an frühgotischen Formen orientiert in hellem Sandstein errichtet. Ihre Lage ist sorgfältig gewählt an der Kreuzung zweier Alleen, nämlich dort, wo die Rheinstraße vom Ersten Ring abzweigt. Auch als anspruchsvoller Veranstaltungsort wird die Ringkirche geschätzt: Rund ums Jahr finden zahlreiche Ausstellungen, Konzerte, Vorträge und andere Darbietungen statt. Junge Leute strömen zu den Swinggottesdiensten mit moderner Musik und zeitgemäßen Texten. *Kaiser-Friedrich-Ring/Rheinstr., www.ringkirche.de*

Russische Kapelle **[114 B2]**
★ An prominenter Stelle hoch über der Stadt ließ Herzog Adolph für seine Gattin Elisabeth Michailovna diese Kapelle errichten: Die Tochter eines russischen Großfürsten war bei der Geburt ihres ersten Kindes mit nur 19 Jahren gestorben. Weithin sichtbar leuchten die fünf goldenen Kuppeln der Grabeskirche über dem Neroberg. Fast sechs Jahre (1849–1855) dauerte die Errichtung der Kapelle im russisch-byzantinischen Stil. Im Kircheninneren ist die reiche Marmorverkleidung auffällig. Neben der Kapelle befindet sich der russische Friedhof. *Nov.–März Sa 12–16, So 10–16, April–Okt. tgl. 10–17 Uhr, 1 Euro, Neroberg*

Am Neroberg leuchten die goldenen Kuppeln der Russischen Kapelle

Thermine **[U E2]**
Die kleine Stadtbahn mit zwei Wagen (gepolsterte Bänke und Luftfederung) für 50 Personen bietet Rundfahrten im historischen Zentrum zu den bedeutenden Sehenswürdigkeiten: Marktplatz, Museum, Wilhelmstraße, Theater, Kurhaus, Russische Kapelle, Neroberg, Kranzplatz. Die Rundfahrt dauert 60 Minuten und kann beliebig unterbrochen werden, da das Ticket einen Tag lang gültig ist. *April–Okt. tgl., Nov. Sa/So 10.30, 11.40, 13.30, 14.40, 15.50 und 17 Uhr, 5,40 Euro, Abfahrt am Markt beim Café Lumen, www.thermine.de*

MUSEEN

Insider Tipp Erfahrungsfeld der Sinne [114 A–B3]

Kein Museum im herkömmlichen Sinn: Im Kulturdenkmal Schloss Freudenberg befindet sich das »Erfahrungsfeld zur Entfaltung der Sinne«. Über fünf Dutzend Stationen laden ein, u. a. dem Fühlen, Tasten und Hören auf den Grund zu gehen. Vor allem für Familien einen Besuch wert! *Di–Fr 9–18, Sa/So 12–18 Uhr, 8 Euro, Freudenberger Str. 222, www.schlossfreudenberg.de*

Museum Wiesbaden [U F4]

Mit etwa 80 Werken des Expressionisten Alexej von Jawlensky (1864 bis 1941) beherbergt das Haus die weltweit bedeutendste Sammlung des Künstlers. In der Naturwissenschaftlichen Sammlung sind Exponate zur Natur- und Kulturgeschichte Hessens ausgestellt, daneben lockt die Ausstellung Nassauische Altertümer. *Di 10–20, Mi–So 10–17 Uhr, 2,50 Euro, freier Eintritt zu den Sammlungen Di 16–20 Uhr, Friedrich-Ebert-Allee 2, www.museum-wiesbaden.de*

ESSEN & TRINKEN

Domäne Mechthildshausen [115 D–E5] Insider Tipp

Die Fahrt über den Rhein lohnt sich: hoch gelobte und ausgezeichnete Ökogourmetküche in einem Hofgut. Aus eigenem ökologischem Anbau stammen Obst, Gemüse und Kräuter, aus eigener Zucht das Geflügel sowie Filets und Braten. Im Hofladen werden die Domänenerzeugnisse stilvoll vermarktet. *So-Abend und Mo geschl., An der Airbase (Erbenheim), Tel. 0611/ 73 74 60,* **€€**

Ente Wiesbaden [U F2]

Deutsch-französisch-asiatische Speisen – diesen Brückenschlag zele-

Die Terrasse des Café Lumen am Marktplatz ist der Treffpunkt schlechthin

briert Chef Gerd M. Eis gekonnt, wie alle großen Gourmetführer bestätigen. *Tgl., Kaiser-Friedrich-Platz 3–4, Tel. 0611/13 36 66,* €€€

Käfer's **[U F1]**
Wiesbadens Ruf einer weltgewandten Kurstadt entspricht das im Pariser Brasseriestil ausgestattete Bistro mit Pianospieler in bester Kurhauslage. Das Publikum freut sich über edle, bodenständige Küche und den Biergarten im Sommer. Bis 2 Uhr nachts geöffnet! *Tgl., Kurhausplatz 1, Tel. 0611/53 62 00,* €€€

Lumen **[U E2]**
Bereits im zeitigen Frühjahr trifft man sich zum Sonntagsbrunch auf der Außenterrasse am Marktplatz. Das moderne, mit viel Glas gestaltete Caférestaurant bietet aber auch drinnen eine luftige Atmosphäre. Mehrere Frühstücke und Kaffeespezialitäten, dazu leichte Bistroküche und eine große Auswahl an Cocktails. Wickeltische und eine Spielecke für die Kleinen erfreuen Familien. *Tgl., Dernsches Gelände, Tel. 0611/30 02 00,* €

Maldaner Café **[U E2]**
Die gediegene Atmosphäre erinnert an ein Wiener Kaffeehaus. Das Publikum – Studenten, Rentner, Künstler und Hausfrauen auf Shoppingtour – schätzt die köstlichen Patisserien. Im Sommer kann man auch draußen sitzen, im Winter finden regelmäßig Konzerte, Dichterlesungen u. Ä. statt. Preiswerter Mittagstisch. *Abends geschl., Marktstr. 34, Tel. 0611/30 52 14,* €

Palast Hotel **[U E1]**
Auf die Jahreszeit abgestimmte (Bistro-)Gerichte und köstliche Desserts, eine umfangreiche Weinkarte, Cocktails und coole Atmosphäre: Das ist das Rezept der neuen Lieblingsadresse junger, trendiger Wiesbadener. Anschließend lockt ein Kneipenbummel im Bermudadreieck, das nur wenige Schritte entfernt liegt. *Tgl., Kranzplatz 5–6, Tel. 0611/959 99 47,* €€

Waldhaus im Adamstal **[113 F2]** Insider Tipp
Ein paar Schritte vom gleichnamigen Reiterhof entfernt liegt diese zauberhafte Pippi-Langstrumpf-Villa. Genau so schön für ein intimes Candlelightdinner zu zweit wie mit den Kindern im Garten. *Tgl., Carl-von-Ibell-Weg 1, Tel. 0611/595 56,* €€

EINKAUFEN

Burresi **[U E2]**
Schuhe von Tod's, Jacken und Kostüme von Giorgio Armani und Jil Sander – ein schönes, nicht zu großes Angebot in zwei nebeneinander liegenden Läden in Wiesbadens Prachtstraße. *Wilhelmstr. 34–38*

Confiserie Kunder **[U F3]**
Ananas und Marzipan gehören in die original Wiesbadener Törtchen, die die alteingesessene Confiserie in Handarbeit herstellt. Sehenswert ist auch das Bauwerk, in dem das Café untergebracht ist: Es verkörpert die wilhelminische Epoche des Historismus. *Wilhelmstr. 12*

Courage **[U E2]** Insider Tipp
Für Insider ist diese gepflegte Secondhandboutique in der Wiesbadener Fußgängerzone seit Jahren eine feste Adresse: Pelze, Designerkleidung, Handtaschen und vieles mehr. *Marktstr. 32*

Insider Tipp **Historischer Marktkeller** [U E–F2]
Einkaufen unter der Erde: Backsteinatmosphäre und Feinkoststände, Blumen, ein Café und ein Bistro gefallen flanierenden Besuchern. Bald 100 Jahre ungenutzt und seit 1999 erfolgreich restauriert. *Marktplatz*

Insider Tipp **Linnenkohl** [U E3]
Unbedingt sehenswert ist bereits die antike Ladentheke des hiesigen Pendants zu Londons Fortnum & Mason: Hier werden seit 1852 Kaffee- und Teespezialitäten verkauft, dazu eine Auswahl an Sherry und Port. Englisches Porzellan (Wedgewood) und stilvolle Präsente ergänzen das Angebot. *Ellenbogengasse 15, www.linnenkohl-1852.de*

Trüffel-Haus [U E1]
Wiesbadens renommierte Feinkostadresse mit einem exquisiten Sortiment an Käse, Schinken, Wurst, Pralinen, Marmeladen und Frischeprodukten. Im angeschlossenen Cafébistro kann man aus der Tageskarte ordern oder sich an der Kuchentheke bedienen. *Webergasse 6–8, www.trueffel.net*

ÜBERNACHTEN

De France [U E1]
Hier stimmt alles: Das Hotel, untergebracht in einem der für Wiesbaden typischen Häuser im klassizistischen Stil, liegt zentral zu Geschäften und Restaurants, die Zimmer sind ansprechend gestaltet. Obendrein gibt es einen bezaubernden Innenhof zum Sonnen. Das Frühstücksbuffet ist inklusive. *37 Zi., Taunusstr. 49, Tel. 0611/95 97 30, Fax 959 73 74, www.hotel-defrance.de, €*

Jägerhof [U E3]
Eine der wenigen günstigen Adresse in zentraler Lage, kürzlich renoviert. In der Umgebung liegen zahlreiche Restaurants und Kneipen. Reichhaltiges, im Preis inbegriffenes Frühstück. *14 Zi., Bahnhofstr. 6, Tel./Fax 0611/30 27 97, €*

Klemm [U E1]
Gepflegtes, charmantes Haus im Jugendstil, moderne Zimmer, nahe Zentrum und Kurhaus. *63 Zi., Kapellenstr. 9, Tel. 0611/58 20, Fax 58 22 22, www.hotel-klemm.de, €€*

Landhaus Diedert [114 B2]
Ideal für ein stilvolles Wochenende im Grünen: Das von einem Platanengarten umgebene Landhaus mit südfranzösisch inspiriertem Dekor bietet behagliche, individuell gestaltete Zimmer. Wiesbaden und der Rheingau liegen nur wenige Autominuten entfernt. Angesichts des Gebotenen sehr günstig. *16 Zi., Am Kloster Klarenthal 9, Tel. 0611/184 66 00, Fax 18 46 60 30, www.landhaus-diedert.de, €€*

Nassauer Hof [U F2]
Die Wiesbadener Adresse, ein Grandhotel alten Stils, hervorragend geschultes Personal, gediegener Luxus, Schwimmbad mit eigener Thermalquelle. Mit der *Ente* eines der besten Restaurants nebenan, dazu die stilvoll-moderne *Orangerie.* Im Sommer *die* Brunchlocation. *186 Zi., Kaiser-Friedrich-Platz 3–4, Tel. 0611/13 30, Fax 13 36 32, www.nassauer-hof.de, €€€*

Schwarzer Bock [U E1]
★ Das traditionsreiche und elegante Haus, das heute zur Radisson-SAS-Kette gehört, ist Deutschlands

ältestes Hotel. Im Gründungsjahr 1486 hatte Wiesbaden 36 Ew. Besonders schön das Badhaus mit Thermalbecken, Sauna, Solarium und der Möglichkeit, exzellente Kuranwendungen zu genießen. Die *Bar 1486* gehört zu den elegantesten Wiesbadens. Romantischer Atriumgarten. *160 Zi., Kranzplatz 12, Tel. 0611/15 50, Fax 15 51 11, www.radissonsas.com,* €€€

FREIZEIT & SPORT

Kaiser-Friedrich-Therme [U E2]
★ Mosaiken, Malereien, Reliefs und Ornamente schmücken das denkmalgeschützte irisch-römische Bad. Saunagäste beginnen im Tepidarium (40–45 Grad), nach dem um 10 Grad wärmeren Sudatorium folgt die Abkühlung im historischen, von Bögen umgebenen Kaltwasserbecken. Das Thermalsitzbecken wird von der 66 Grad heißen Adlerquelle gespeist, die schon die Römer nutzten. *Sa–Do 10–22, Fr 10–24 Uhr, Di Damentag, 17,50 Euro, Langgasse 38–40, www.wiesbaden.de/baeder*

Insider Tipp **Opelbad** [114 B2]
Auf dem Neroberg liegt das schönste Schwimmbad der Gegend. Das 1933 im Jugendstil gebaute Freibad bietet einen grandiosen Blick auf die Stadt und das Rhein-Main-Gebiet – besonders schön im *Caférestaurant Wagner im Opelbad. Mai–Sept. tgl. 7–20 Uhr (Restaurant 11–23 Uhr), 4 Euro, Auf dem Neroberg 2*

Orca [114 C5]
Zur Begrüßung wird auf der Orca erst mal ein Glas Vaux-Sekt gereicht. Dann legen Sie ab. Unterwegs auf dem Rhein, mit Freunden und Familie: ein Ausflug mit dem gecharterten Motorschiff bietet Gelegenheit, ganz nach eigenem Gusto das Rheintal entlangzuschippern und dort zu ankern, wo es einem besonders gefällt. Nach Absprache mit dem Skipper wird die Route festgelegt, das kulinarische Programm besprochen. *Liegeplatz in Wiesbaden-Amöneburg, 500 Euro/Tag mit Skipper und Deckhand, ohne Verpflegung, Seitenmacher Holiday, Tel. 069/92 88 06 00, Fax 92 88 07 00, www.seitenmacher-holiday.de*

AM ABEND

Zum Schweinefuß [U C5] Insider Tipp
Aus großen Terrinen serviert man köstliche Suppen; französische Bistrogerichte und eine lange Getränkekarte erfreuen die Gäste der Kellerkneipe. *Tgl. ab 19 Uhr, Kaiser-Friedrich-Ring 42*

Sherry & Port [U E5]
Wenn Ihnen der Sinn nach einem gepflegten Pubabend steht: Neben dem üblichen Angebot an Weinen und Bieren stehen fünf Dutzend Sherrysorten und 30 Malt Whiskys zur Auswahl, dazu Tapas und täglich wechselnde kleine Gerichte. Das nicht mehr ganz junge Stammpublikum schätzt die Folk- und Jazzabende mit Livemusik. *Tgl. 12–24 Uhr, Adolfsallee 11*

Spielbank [U F1]
★ Unter großen Kronleuchtern und stuckverzierten Decken wird Roulette, Black Jack, Poker und an Automaten gespielt. Personalausweis (Mindestalter 18 Jahre), Kleiderordnung. *Tgl. außer Karfreitag,*

Nicht überall können Sie Ihr Geld so stilvoll loswerden wie in der Spielbank

1. Mai, Fronleichnam, Volkstrauertag, Totensonntag, 24. und 25. Dez. 13–4 Uhr, Kurhausplatz 1, www.spielbank-wiesbaden.de

Literaturhaus Villa Clementine [U F3]
Die 1882 im römisch-pompejanischen Stil erbaute Villa, einst Residenz von Natalie von Serbien, ist Veranstaltungsort für literarische Events, Lesungen mit Musik, Jazz und Lyrik. Bei der Verfilmung des Thomas-Mann-Romans »Die Buddenbrooks« wurde in der Villa gedreht. *Wilhelmstr./Frankfurter Str. 1, Tel. 0611/308 63 65, www.wiesbaden.de/literatur*

AUSKUNFT

Wiesbaden Tourist Information [U E3]
Im Prospekt »Stadtführungen« sind zahlreiche Touren verzeichnet, u. a. »Wiesbaden und seine Anekdötchen« und ein »Spielbank-Besuch mit Demospiel«. Eigens für Kinder gibt es zu mehreren Terminen ausgesuchte Stadtrundgänge. *Marktstr. 6, 65183 Wiesbaden, Tel. 0611/172 99 30, Fax 172 97 98, Reservierungen Tel. 172 97 02, www.wiesbaden.de*

ZIELE IN DER UMGEBUNG

Frauenstein [113 E4]
Im April und Mai schmücken Tausende von weiß blühenden Kirschbäumen die Hänge. Umgeben von Obstplantagen und Weinbergen liegt wenige Kilometer westlich von Wiesbaden der Stadtteil Frauenstein (2500 Ew.). Historische Gutshöfe wie der *Falkersche Hof (Georgstr.)* und der *Schönbornsche Hof (Kirschblütenstr.)* belegen die jahrhundertealte Bedeutung des Weinbaus für die Ortschaft. Beim so genannten *Goethestein* handelt es sich um einen aus Natursteinen zu-

sammengefügten Obelisken, der an die Besuche des Dichters erinnert: In Frauenstein und Umgebung betrieb Goethe 1815 geologische Forschungen.

Insider Tipp Zahlreiche Weinstuben laden zur Einkehr, darunter das *Weinhaus Klepper (Mi und außer So mittags geschl., Georgstr. 12–16, Tel. 0611/ 42 15 70, €)*, ein Gutsausschank mit eigener Schlachtung im Herbst/ Winter und gemütlicher Winzerstubb.

Insider Tipp Gasthof Jagdschloss Platte **[114 B1]**

Im Sommer erfreut frische Taunusluft die Wanderer und Radfahrer, im Winter bezaubert die Schneelandschaft, durch die zahlreiche Loipen führen. Für Kinder gibt es einen Abenteuerspielplatz und ein Kindermenü. Das neben der Ruine des 1827 erbauten Jagdschlosses Platte errichtete Caférestaurant ist ein lohnender Ausflugstipp. *Tgl., 10 km nördlich an der B 417, Tel. 0611/ 18 11 80, €€*

Schierstein **[114 A–B4]**

Mit der Eingemeindung von Biebrich und Schierstein reicht Wiesbaden bis an den Rhein heran. Großer Beliebtheit erfreut sich das alljährlich im Sommer gefeierte Schiersteiner Hafenfest, bei dem sich die Stände entlang dem Fluss ziehen. Dank der Initiative der Storchengemeinschaft Wiesbaden-Schierstein beherbergt der Ort ganzjährig eine Storchenkolonie. Insider Tipp Die Weißstörche brüten auf künstlich geschaffenen Nestern und Hochspannungsmasten des Wasserschutzgebiets. Im Lauf der Jahre stieg die Zahl der brütenden Paare auf etwa zwei Dutzend. Ein beliebter Rad- und Spazierweg führt am Hochwasserschutzdamm zwischen Schierstein und Walluf entlang. Er bietet recht gute Möglichkeiten, die Tiere zu beobachten.

In Schierstein können Sie Störche beobachten – oder vorwitzige Badende

Romantik, Fachwerk, Rheinpromenaden

Den ganzen Sommer lang lockt das Rheingauer Musikfestival in die zauberhaften Hügel des vorderen Rheingaus

Wein(bau) prägt den Alltag im östlichen, vorderen Rheingau. Jedes Dorf kennt eigene, renommierte Weinbergslagen, die in traditionsreichen Weingütern verarbeitet und teilweise auch ausgeschenkt werden. In Walluf und Eltville lässt es sich zudem wunderbar am Strom flanieren, denn hier verläuft die Bundesstraße nicht unmittelbar am Rhein. So konnten sich gepflegte Promenaden am Rheinufer ausbilden.

Die Gestaltung des Fachwerks gerät teilweise zur Kunst

ELTVILLE

[113 D–E5] Verwinkelte Kopfsteinpflastergassen, farbenfrohe Fachwerkhäuser mit üppigem Blumenschmuck, repräsentative Adelshöfe und prunkvolle Patrizierhäuser: Eltville (17 500 Ew.) bezaubert als intakte Kleinstadt. Schon Thomas Mann schätzte den Ort, verlieh der Romanfigur Felix Krull die Identität eines Eltviller Sektfabrikantensohnes. Das Städtchen kann sich mit vier Attributen schmücken: Wein-, Sekt-, Rosen- und Fachwerkstadt. Tatsächlich blühen mehr als 20 000 Rosenstöcke in 350 Sorten in Eltville, die meisten Anfang Juni im Bereich der Kurfürstlichen Burg. Während der jährlichen Eltviller Rosentage am ersten Wochenende im Juni dreht sich alles um die Blumen.

Die Kurfürstliche Burg in Eltville ist fest verbunden mit Johannes Gutenberg, dem Erfinder des Buchdrucks

Apropos Sekt: Küfer Matheus Müller gründete 1811 eine Weinhandlung und ließ ab 1837 Weine zu spritzigen Cuvées reifen, der Anfang einer einzigartigen Erfolgsstory. Beim Sektfest im Juli dreht sich alles um das Luxusgetränk, schenken die Rheingauer Sektproduzenten am Ufer des Rheins aus. Und was würde als Abschluss des dreitägigen Fests besser passen als ein großartiges Feuerwerk? Nach Einbruch der Dunkelheit versammeln

Rheingauidyll: ein Winzerhof in der Altstadt von Eltville

sich Zigtausende von Besuchern am Wasser, um zu sehen, wie von der im Rhein liegenden Au die Lichterkaskaden in den Himmel schießen.

Nicht im Dunkeln liegt auch die Vergangenheit: Funde belegen, dass an der Stelle des heutigen Orts bereits im 5. Jh. eine fränkische Siedlung bestand. Die erste schriftliche Erwähnung als Altavilla (lateinisch für »hoher Hof«) stammt von 1051. Im Mittelalter war Eltville von überragender Bedeutung. Der Aufstieg der Stadt wurde geprägt durch die kurfürstliche Burg, die fast 150 Jahre lang Sitz der Mainzer Kurfürsten war. 1332 erhielt Eltville das Stadtrecht zuerkannt und ist damit die älteste Stadt im Rheingau.

SEHENSWERTES

Burg Crass

Die kleine, im romanisch-gotischen Stil ab 1496 als Wohnsitz erbaute Burg blickt auf den Rhein. Das älteste Bauwerk Eltvilles liegt außerhalb der Stadtmauern. Sowohl das Burghaus als auch der Turm und Anbau wurden spätgotisch umgebaut und ab 1840 neugotisch modifiziert. Heute beherbergt das Bauwerk ein edles Restaurant und ein kleines Hotel. *Freygässchen 1*

Eltzer Hof

Die eindrucksvolle Gebäudegruppe geht in Teilen (Westflügel) zurück auf die Mitte des 16. Jhs.; das zum Rhein hin ausgerichtete Kavaliershaus des Ostflügels erhielt sein heutiges Aussehen 1738. An den Eltzer Hof schließen sich die Höfe des einstigen Mainzer Viktorstifts und des Mainzer Petersstifts an. *Zwischen Rosen- und Martinsgasse*

Fachwerk

Vom Marktplatz aus, wo ab dem zeitigen Frühling Restaurants ihre Tische eingedeckt haben, führen die kopfsteingepflasterte Martinsgasse und die Rosengasse zur Rheinpromenade, vorbei an eindrucksvollen Höfen und Fachwerkhäusern. Wendet man sich in der Rosengasse bei der Pfarrkirche nach links, dann liegen in der Ellenbogengasse und der Burghofstraße weitere höchst reizvolle Ensembles von Fachwerkhäusern.

Kurfürstliche Burg

Auf alten Stichen ist sie in ganzer Schönheit zu sehen: Umgeben von einer zum Rhein hin abschließenden Stadtmauer, erhebt sich der viergeschossige Turm der Burg, an seinen Seiten mit Türmchen geschmückt. Im zweiten Stock, im so genannten Grafensaal, befindet sich eine *Gutenberg-Gedenkstätte.* Hier wurde Johannes von Gensfleisch Gutenberg 1465 zum Hofedelmann ernannt. Der 1404 in Mainz geborene Gutenberg ging in Eltville zur Schule und besuchte später immer wieder seinen hier lebenden Bruder Friele Gensfleisch von Gutenberg. Im kleinen *Museum* sind Exponate zur frühen Buchdruckkunst ausgestellt. *Außenanlagen Ostern–15. Okt. tgl. 9.30–19, 16. Okt.–Ostern 10.30–17 Uhr, Burgturm Ostern bis 15. Okt. Sa/So 11–18, Fr 14–18 Uhr, Historische Sammlung So 15 bis 17 Uhr, 1,50 Euro*

Pfarrkirche St. Peter und Paul

Das zwischen 1350 und 1440 erbaute Gotteshaus im zweischiffigen Hallenstil verkörpert eindrucksvoll ästhetisch die schlichte spätgotische Bauweise. Ein architektonischer Stilbruch ist hingegen die barocke Haube des Kirchturms, die Ende des 17. Jhs. die durch ein Feuer zerstörte frühere ersetzte. Wand- und Gewölbemalereien im Inneren stammen aus dem frühen 15. und 16. Jh., während ein kostbares achtseitiges Taufbecken um 1517 in der Mainzer Werkstatt von Hans Backoffen hergestellt wurde. Es zeigt bereits den zunehmenden Einfluss der Renaissance.

MARCO POLO Highlights »Östlicher Rheingau«

★ **Rheinpromenade**
Flanieren unter Platanen in Eltville (Seite 42)

★ **Schloss Vollrads**
Ein Wasserschloss thront in den Weinbergen (Seite 56)

★ **Marktplatz**
Prächtiges Fachwerkensemble in Hattenheim (Seite 48)

★ **Pfarrkirche St. Valentinus**
Die älteste spielbare Orgel des Landes in Kiedrich (Seite 51)

★ **Kloster Eberbach**
Ein kunsthistorisches Juwel ist das ehemalige Zisterzienserkloster (Seite 53)

★ **Brentano-Haus**
Treffpunkt bedeutender Dichter und Denker am Rhein (Seite 55)

★ **Schloss Reinhartshausen**
Das Prachthotel am Rhein bietet Ausflüge zur eigenen Flussinsel (Seite 45)

Rheinpromenade

★ Von besonderer Schönheit ist die Rheinfront in Eltville: von Platanen beschattete Kieswege und Bänke, Adelshöfe und Überreste der alten Stadtmauer. Vom Marktplatz aus, wo ab dem zeitigen Frühling Restaurants ihre Tische eingerichtet haben, führen die kopfsteingepflasterte Martinsgasse und die Rosengasse zur Promenade, vorbei an eindrucksvollen Höfen und Fachwerkhäusern.

Stadtmauer

Im Mittelalter war Eltville Residenz der Mainzer Kurfürsten und von einer mehrere Kilometer langen Stadtmauer umgeben; sie enthielt Wohntürme, Tore und Wachtürme. Die Mauer erstreckte sich von der Kurfürstlichen Burg zum Sebastiansturm am Rheinufer (heute noch erhalten), über das Betriebsgelände der Sektkellerei Matheus Müller zum Kiliansring und weiter über die Gutenbergstraße zur Burg. Überbleibsel der aus kleineren Bruchsteinen gebildeten Mauer sind am Kiliansring zu sehen.

Stockheimer Hof

Der aus dem 14. Jh. stammende gotische Bau gehört zum Ensemble des im Rheingau als Langwerther Hof bekannten Gebäudekomplexes. Er ist seit 1464 in Familienbesitz und somit eines der ältesten Weingüter im Rheingau. *Mo–Fr 8–16 Uhr und nach Vereinbarung, Tel. 06123/921 10, Kirchgasse*

Weingut Koegler

Nur 15 Jahre nach dem Erscheinen der Gutenberg-Bibel wurde im Hof Bechtermünz (heute Sitz des Weinguts Koegler) das »Vocabularius ex quo« hergestellt, das erste gedruckte Wörterbuch für Deutsch–Lateinisch. Herausgeber waren die Brüder Heinrich und Nicolaus Bechtermünz, Söhne einer begüterten Mainzer Familie. Ihr Werk (das eventuell mit Gutenbergs Hilfe verfasst wurde) avancierte zum Bestseller des Mittelalters, da es Hilfe bei der Lektüre und dem Studium der lateinischen Bibel bot und deutlich preiswerter war als handgeschriebene Wörterbücher. *Kirchgasse 5*

ESSEN & TRINKEN

Burg Crass

Die historische Burg leuchtet weithin sichtbar in einem dunklen Pastellrot. Das Bauwerk wurde aufwändig restauriert und ergänzt um einen zeitgenössischen Wintergarten, in dem heute die Vinothek untergebracht ist. Im *Restaurant Vaux* und in der *Vinothek 510,8* wird in edel gestyltem Rahmen leichte Küche serviert. Auf einen Kaffee oder Wein trifft man sich auf der von Platanen beschatteten Terrasse, nur ein paar Schritte vom Rhein entfernt. *Di–Fr mittags und Mo geschl., Freygässchen 1, Tel. 06123/690 78,* €€€

Gelbes Haus

Das leuchtende Gelbe Haus war das erste Projekt der Eltviller Altstadtsanierung, bereits Mitte der Siebzigerjahre wurde der aus dem 17. Jh. stammende Gutsausschank, Bestandteil des historischen Ensembles Langwerther Hof, restauriert. Regionale, bodenständige Gerichte der Saison, Salate und die Weine des Hausherrn erfreuen die Gäste. *Mo und außer So mittags geschl., Burgstr. 3, Tel. 06123/51 70,* €€

Vor dem Weinkauf empfiehlt sich ein Besuch in Eltvilles Vinothek

Kleines Eltviller Brauhaus
Otto Binding, Neffe des gleichnamigen deutschen Bierbarons, lässt seit 1984 in Eltville verschiedene naturbelassene Biere brauen. Serviert wird dazu genuine spanische Küche. *Außer So mittags geschl., Schwalbacher Str. 41–43, Tel. 06123/27 06, www.eltviller-brauhaus.de,* **€€**

Insider Tipp **Osteria Piccolo Mondo**
Hausgemachte Pastaspezialitäten, Edelfisch und Austern, Risotto und Kalbsgerichte stehen auf der Karte. Man hat die Auswahl unter einer Hand voll Spezialitäten des Tages, notiert auf einer Schiefertafel. Köstlich und oft voll, deshalb vor allem Fr/Sa reservieren. *Mo geschl., Schmittstr. 1, Tel. 06123/14 19,* **€€**

Waldgaststätte Rausch
Forsthausatmosphäre im Biergarten: Das beliebte Ausflugslokal im Wald hält bayerische Tradition hoch: Brotzeit mit Brezeln, Leberkäse, Schweinshaxen und Knödelspezialitäten; dazu servieren die Betreiber Silke und Paul Wührer Rheingauer Weine, bayerische Fassbiere und österreichische Bauernschnäpse. *Mo bis Fr 15–1, Sa/So 11–1 Uhr, Okt. bis März Mo/Di geschl., Wiesweg 93, Tel. 06123/44 78,* **€**

EINKAUFEN

Goldschmiede
Goldschmiedemeisterin Claudia Hedderich fertigt zauberhaften Unikatschmuck, auch Umarbeitungen werden mit Sachkenntnis und künstlerischem Einfühlungsvermögen getätigt. *Gutenbergstr. 10*

Vinothek
Über 80 Weine, Sekte und Brände von etwa 20 Weingütern der Region sind im Angebot. Unentschlossene können probieren. *Mo–Do 16 bis 19, Fr–So 12–19 Uhr, Rheingauer Str. 38*

ÜBERNACHTEN

Hof-Hotel Bechtermünz
Schiefer, Glas und Holz, Wände aus Bruchstein und modernes Interieur passen gut zusammen – in der historischen Scheune des Hofs Bechtermünz wurde ein kleines, feines Designhotel geschaffen, das bereits zahlreiche Liebhaber gefunden hat. Internetanschluss in den Zimmern, moderne Flachbildfernseher und puristisch gestaltete Bäder. *10 Zi., Kirchgasse 5, Tel. 06123/24 37, Fax 811 18, www.weingut-koegler.de,* €€

Burg Crass
Edles Ambiente hinter historischen Mauern. Dazu gibt es gratis den Blick auf Rhein und Eltviller Au. *7 Zi., Freygässchen 1, Zufahrt über Wallufer Str., Tel. 06123/690 60, Fax 69 06 69, www.kellerundkunst.de,* €€€

Frankenbach
Gegenüber dem Bahnhof liegt dieses stattliche Bauwerk im Stil des späten Biedermeier. Behagliche Zimmer mit Kirschbaummobiliar. Ebenfalls im Haus befinden sich ein Caféhaus im Wiener Stil sowie eine Weinstube mit Kachelofen. *23 Zi., Wilhelmstr. 13, Tel. 06123/50 56, Fax 636 02,* €

Glockenhof
Inmitten der Eltviller Altstadt gelegenes historisches Haus mit gästeorientiertem Service: Haustiere auf Anfrage, Kaffee- und Teezubereitung im Zimmer, kostenlose Leihräder von Mo bis Do, Frühstücksbuffet bis 10.30 Uhr. *6 Zi., Marktstr. 3, Tel. 06123/611 41, Fax 638 10, www.hotelglockenhof.de,* €€

FREIZEIT & SPORT

Schiffsfahrten
Tägliche Fahrten (13.30 und 15.30 Uhr) rund um die Mariannenaue bei Erbach veranstaltet *Charterliner van de Lücht (Tel. 06723/44 37, 7 Euro, www.charterliner.de).* Fahrten nach Rüdesheim und zurück bietet die *Primus-Linie (Mai–Okt. Mo, Do, Sa 12.20 Uhr, Anlegestelle nahe Burg Crass, 10 Euro).* Die *Köln-Düsseldorfer Schiffahrt (Tel. 06722/38 08, www.k-d.com)* fährt von Eltville mit Stopp in vielen Häfen bis Koblenz.

AM ABEND

Weinprobierstand
Weine aus Eltviller Lagen, günstig und ideal zum Kennenlernen. Reizvoll ist die Lage am Rheinufer. *April–Sept. Mo–Fr 18–22, Sa/So 10–22 Uhr, Rheinpromenade*

AUSKUNFT

Tourist Information
Von Mai bis Mitte Oktober werden jeden Samstag um 15 Uhr kostenlose Altstadtführungen (Dauer 90 Minuten, Treffpunkt Sebastiansturm, Leergasse) angeboten. Führungen auch für Kinder und Jugendliche sowie zu besonderen Themen wie »Auf Gutenbergs Spuren« und »Weinvergnügen«. *Rheingauer Str. 28, 65343 Eltville, Tel. 06123/909 80, Fax 90 98 90, www.eltville.de*

ZIELE IN DER UMGEBUNG

Erbach **[113 D5]**
Unmittelbar westlich von Eltville liegt am Rhein das eingemeindete Dorf Erbach (3700 Ew.). Folgt man

Das Hotel Schloss Reinhartshausen nennt sogar eine Rheininsel sein Eigen

der alten Bundesstraße, so gelangt man, vorbei an prächtigen Weingütern und dem schlanken Bauwerk der evangelischen Kirche, zum historischen Marktplatz. Zu den ältesten Häusern der Fachwerkgruppe gehört das schmale Bauwerk in der Eberbacher Str. 2 aus dem 15. Jh.

Insider Tipp Die *Genossenschaft der Winzer von Erbach (Ringstr. 28, www.winzer-von-erbach.de)*, ein Zusammenschluss von 40 kleineren Winzern, wird von Weinführern wegen ihres guten Preis-Leistungs-Verhältnisses gelobt. Probieren können Sie die Weine auch im *Gasthaus zum Engel (außer Sa/So mittags geschl., Am Markt 2, Tel. 06123/624 28, €€)*.

Im ★ *Schloss Reinhartshausen Kempinski (54 Zi., Hauptstr. 41, Tel. 06123/67 60, Fax 67 64 00, www.schloss-hotel.de, €€€)* empfangen kunstvoll arrangierte Blumengestecke, vertäfelte Nischen und dichte Teppiche die Besucher. Reinhartshausen war einst im Besitz von Marianne von Preußen, der Tochter des niederländischen Königs Wilhelm I. Vom historischen Schlosssaal blickt man über den Park zur mitten im Rhein liegenden Mariannenaue, einer zum Hotel gehörenden Rheininsel mit 24 ha urwüchsiger Parklandschaft und Auenwäldchen. Im Hotel können Sie Überfahrt, naturkundliche Führung und Verkostung eines Inselweins buchen *(Mai–Sept. tgl. 14 und 14.30 Uhr, ca. 90 Min., Tel. 06123/67 62 65, 10 Euro)*.

Eine Erbacher Institution ist auch der *Gutsausschank Maximilianshof (Di–Sa 14.30–24, So 11–24 Uhr, Rheinallee 2, Tel. 06123/922 40, €€)*, bei den Einheimischen bekannt als »Alter Oetinger«, mit parkähnlichem Garten und historisch-behaglichen Räumen. Reservieren sollte, wer im gemütlichen Erker sitzen möchte. Insider Tipp

Martinsthal **[113 D–E4]**
Eine schmale Durchgangsstraße führt durch die historische Ortsmitte, Baudenkmäler an steilen Hanglagen prägen das Bild. Das knapp 5 km nördlich gelegene Martinsthal (1500 Ew.) wurde bereits 1363 durch den Erzbischof von Mainz gegründet. Einen Besuch lohnt das VDP-Weingut und -Ausschank *Diefenhardt (So, Mo und mittags geschl., Hauptstr. 9–11, Tel. 06123/ 71 40, €).* Hier kann man in angenehmer Atmosphäre Wein probieren und kaufen. Übrigens: Nach der berühmtesten Weinlage der Gemeinde wurde der Martinsthaler Wildsauplatz benannt.

Rauenthal **[113 D4]**
Eine kurvige Straße schraubt sich am Ortsausgang von Martinsthal den Berg hinauf in den Weinort (1800 Ew.) in der »zweiten Reihe«. Schon seit vielen Jahren existiert das *Kultur- und Tagungshaus Rauenthal (Hauptstr. 6, Tel. 06123/ 744 12, Fax 755 87, www.kuta-rauenthal.de),* das (Mehrbett-)Zimmer vermietet, Freizeiten und Bildungsurlaube organisiert und ein anspruchsvolles Kulturprogramm auf die Beine stellt. Höhepunkt sind die im Sommer stattfindenden Kinder- und Jugendtage. Einen vortrefflichen Blick über das Rheintal garantiert der Ausflug zur *Bubenhäuser Höhe* südlich von Rauenthal.

Walluf **[113 E4–5]**
»Die Pforte des Rheingaus« ist dessen älteste Weinbaugemeinde und kann auf eine über 1200-jährige Weinbautradition zurückblicken. So taucht bereits im Jahr 770 in den Chroniken die Bezeichnung »Waltaffa« auf. Dieser Name ist germanischen Ursprungs und bedeutet Waldwasser – er bezieht sich auf den im Taunus entspringenden

Umtrunk auf einem Ponton: Da schwankt es schon vor dem ersten Glas

Wein zu vergeben

Ein eigener Weinstock für jedermann

Das Rheingauer Familienweingut *Balthasar Ress (Rheinallee 7, Tel. 06723/919 50, www.balthasar-ress.de)* bietet Rieslingreben in der Hattenheimer Lage Engelmannberg zur Pacht, und zwar für drei, fünf, zehn oder 25 Jahre und ab 60 Euro. Der verpachtete Rebstock wird mit einem gravierten Namensschild versehen und bietet dem Pächter Besuchsrecht für die Laufzeit des Pachtvertrags sowie pro Jahr eine Flasche Wein als Anteil der Ernte.

Wallufbach. Entlang seinen Ufern befanden sich einst Dutzende von prächtigen Mühlen, allein im Ortsbereich von Walluf wurden zehn gezählt, 16 weitere säumten das Ufer von Martinsthal bis zur Quelle des Bachs in Wambach. Die meisten verfielen im Lauf der Zeit. Nach wie vor begehbar ist hingegen der historische Weg am Bach, der die beiden Ortsteile (zusammen 6000 Ew.) Ober- und Niederwalluf miteinander verbindet. Das sich östlich des Bachs am Rhein erstreckende Niederwalluf ist der ältere der beiden Ortsteile. Erst nach der Errichtung des Rheingauer Gebücks, der unüberwindbaren Dornenhecke, wurde das Gebiet westlich des Wallufbachs besiedelt.

Eine Besonderheit ist der Insider Tipp *Weingarten Becker (tgl. ab 16 Uhr, Rheinstr. 4 a, Tel. 06123/739 99, €)* mit Blick auf den Rhein: Man bringt sich sein Essen im Picknickkorb mit und genießt die Weine des Gutes. Wer nichts zu essen dabeihat, kann auch einen Imbiss kaufen. In einem winzigen Fachwerkhaus untergebracht ist das Restaurant *Zum Treppchen (So, Mo und mittags geschl., Kirchgasse 14, Tel. 06123/717 68, €–€€)* mit köstlichen Speisen, auch für den kleinen Appetit, und guten Weinen.

HATTENHEIM

[112 C5] Der Aufstieg des Weindorfs (2200 Ew.) begann mit dem Bau des Klosters Eberbach, da Mönche über 700 Jahre hinweg Hattenheimer Weinbergslagen bewirtschafteten. Adelsfamilien ließen sich hier nieder und erwarben Weingüter, etwa zehn liegen heute in Hattenheim. In der Adlerwirtschaft kocht der einstige Bocuse-Schüler Franz Keller, der zwei Michelinsterne besaß. Im Rheingau verwirklicht der Aussteiger aus dem Medienzirkus der Eliteköche seinen Traum vom guten, bezahlbaren Essen, zu dem auch eine Spur Qualitätsbesessenheit gehört.

SEHENSWERTES

Burg

Die von einer hohen Mauer umgebene Burg, Schauplatz des allsommerlichen Burgfests, wurde erstmals zu Beginn des 12. Jhs. erwähnt. Sie diente als Talburg, also als befestigte Wohnanlage zur Sicherung des aus Kirche, Straße und Burg bestehenden Zentrums.

Marktplatz

★ Weinranken und -reben, Blattornamente in vielfacher Ausprägung: Die Gefachbemalungen der Fachwerkhäuser am Marktplatz sind einzigartig im Rheingau, da diese künstlerische Ausdrucksform in der Region keine Tradition hat. Zum Ensemble der Häuser in der Hauptstraße und im Burggraben gehört auch das älteste Fachwerkhaus des Stadtteils. Der Giebelbau in der Hauptstr. 36 ist fast 500 Jahre alt.

Pfarrkirche St. Vincent

Das dem heiligen Vincent geweihte Gotteshaus entstand 1739 als Saalkirche. An der Südseite befindet sich eine aus der Werkstatt von Hans Backoffen stammende Kreuzigungsgruppe, die auf 1510 datiert wird.

ESSEN & TRINKEN

Insider Tipp

Adlerwirtschaft

Ob Spanferkelsülze oder Frischlingsragout, vom Einfachsten das Beste heißt hier die Devise. Hinter der Fachwerkfassade eines kleinen Hauses verbirgt sich eine Rheingauer Gourmetadresse der ökologischen Art. Franz Keller, ehemaliger Star- und Sternekoch, verwirklichte das Idealbild einer Wirtschaft zum Wohlfühlen, hell und kommunikativ. Er ließ das alte Haus entkernen und schuf ein Interieur aus blank gescheuerten historischen Holzdielen, prachtvollen Eichentischen und Wänden voller Bilder und aufgereihter Weine mit einer Spur französischer Atmosphäre. Allseits geschätzt wird das »Große Adleressen«, ein Fünfgängemenü; um die Mittagszeit wird das aus zwei Gängen bestehende *plat du jour* angeboten. *Di–Do geschl., Hauptstr. 31, Tel. 06723/79 82, €€€*

Brückenschänke

Näher am Rhein sitzt man nirgends: Auf einer Terrasse oberhalb des Flusses treffen sich Radfahrer und die Camper des nahen Platzes auf einen Drink, zudem gibt es bodenständige Küche. *Mi und Okt. bis März geschl., Auweg 2–4, Tel. 06723/282 71, €*

Klosterschänke

Wunderschön im restaurierten Ambiente eines historischen Nebengebäudes des Klosters Eberbach tafelt man unter Kreuzgewölben und im Sommer im Garten unter Platanen. Hausgemachte Holunderlimonade, geräucherte Wisperforelle, Wildgerichte und mit leichter Hand komponierte Salate schmecken vorzüglich. An der Wildschweinsülze mit Bratkartoffeln und dunklem Klosterbier führt hier kein Weg vorbei. *Tgl., Kloster Eberbach, Tel. 06723/99 32 99, €€*

Insider Tipp

Steinberg

»Brot und Wein im Steinberg« heißt der im so genannten Schwarzen Häuschen untergebrachte Ausschank. Serviert werden Weine aus dem Steinberg sowie Hattenheimer und Erbacher Lagen. *Mai–Sept. Sa/So 11–19 Uhr, Steinberg, Tel. 06723/20 93, www.weingut-kloster-eberbach.de, €*

EINKAUFEN

Antiquitäten Ruppert

Insider Tipp

Antike Möbel und zahlreiche Kunstgegenstände, häufig aus der Bieder-

In Hattenheims »Krug« wohnen Sie hinter einer bemalten Fachwerkfassade

meierepoche, füllen heute die erste Etage der alten Dorfschule, erbaut um 1700, die die anderen Gebäude überragt. *Hauptstr. 42*

ÜBERNACHTEN

Kronenschlösschen

Wertvolle Tapisserien und Fresken, antike Grafiken und würdevolle Ölgemälde, dazu herrliche Zimmer, von denen die Turmsuite das berühmteste ist. Hier entwarfen Konrad Adenauer, Theodor Heuss und Carlo Schmid nach dem Zweiten Weltkrieg das deutsche Grundgesetz – und damals wie heute beschattet ein mächtiger Ahorn den Balkon. Im alten Park verströmen Kies und Korbmöbel britischen Landhauschic. Der vielfach ausgezeichnete Patrick Kimpel komponiert in der Küche. *18 Zi., Rheinallee, Tel. 06723/640, Fax 76 63, www.kronenschloesschen.de, €€€*

Insider Tipp

Zum Krug

Unterhalb des alten Rathauses prägt die mit Malereien versehene Fachwerkfassade des Hotels und Weinhauses die Altstadt. Das 1720 erbaute Bauernhaus verströmt im Inneren eine betont ländliche Atmosphäre mit bleiverglasten Fenstern, Holzvertäfelungen und einem Kachelofen in der Gaststube. Die (Nichtraucher-)Zimmer bieten modernen Komfort und stilvolle Behaglichkeit. *8 Zi., Hauptstr. 34, Tel. 06723/996 80, Fax 99 68 25, www.hotel-zum-krug.de, €€*

KIEDRICH

[113 D4] Im Schatten des übermächtigen Weinklosters Eberbach wuchs im Dorf Kiedrich seit dem Mittelalter die Rebenkultur, wurde Weinbau bald zur Grundlage für das Wohlergehen seiner Einwohner. Unter dem Namen Kiedricher Gräfenberg wurden die Weine bereits zu einer Zeit gehandelt, in der Lagenbezeichnungen noch nicht üblich waren. Auch war der Ort zeitweise sogar Residenz der Landesherren. In die hoch über dem Dorf thronende Burg Scharfenstein kehrten 100 Jahre lang immer wieder die Mainzer Erzbischöfe ein, die die Erzeugnisse der umliegenden Weinkeller nicht verachteten.

Die gotische Valentinuskirche verkörpert mittelalterlichen Reichtum und nimmt Besucher mit ihrer Ausstrahlung gefangen. Im Sommer vergeht keine Woche, in der in Kiedrich nicht geheiratet wird, obwohl die Ortschaft nur 4000 Ew. hat. Brautpaare erhalten eine Urkunde vom »Weinberg der Ehe« und damit symbolisch einen Rebstock (und pro Jahr eine Flasche Wein). Das »gotische Weindorf« besitzt neben zahlreichen historischen Sehenswürdigkeiten stimmungsvolle Restaurants und Straußwirtschaften. Historische Bauwerke und Adelshöfe wie Schloss Groenesteyn prägen das Ortsbild. Weithin sichtbar thront die Burgruine Scharfenstein in den Weinbergen, neben der Valentinuskirche Wahrzeichen des Orts.

SEHENSWERTES

Burgruine Scharfenstein

Raben krächzen, und die Fahne flattert im Wind: Der Burgturm ist das einzige Überbleibsel einer um 1160 errichteten Burg, in der zeitweise auch die Mainzer Erzbischöfe residierten. Ein schöner Spaziergang führt von der Waldmühle und der Wassertretanlage hinauf. Vom Burgplatz, auf dem Besuchern und Gruppen nach Voranmeldung Grillvorrichtungen zur Verfügung stehen, ergibt sich ein herrlicher Blick über das Dorf und die Weinberge. Zur Besichtigung des Burginneren erhält man gegen Kaution Schlüssel und Stablampen werktags im Rathaus. *Zufahrt über Mühlweg und Bergchaussee*

Insider Tipp

Gregorianische Choräle

Die Gesänge der Kiedricher Chorbuben

Mehr als 700 Jahre alt ist die Tradition der gregorianischen Choräle in Kiedrich. Seit 1333 pflegten die hiesigen Geistlichen mit Männern und Schulbuben der Gemeinde die Gesänge, aufgezeichnet in der damals gebräuchlichen Hufnagel-Notenschrift. Eine Besonderheit des Gesangs ist sein alter germanischer Dialekt, der nur in Kiedrich gesungen wird. In einer auf John Sutton zurückgehenden Stiftung wurde 1865 eine Chorschule ins Leben gerufen, die noch heute existiert. Unter der Leitung ihres Chorregenten singen die »Kiedricher Chorbuben« (heute gehören dazu auch Mädchen) seitdem an Sonn- und Feiertagen das lateinische Hochamt – einzigartiges historisches Vermächtnis und seltener Musikgenuss. *www.kiedricher-chorbuben.de*

St. Valentin in Kiedrich birgt die älteste noch spielbare Orgel Deutschlands

Michaelskapelle

Das grazile, zweigeschossige Bauwerk im spätgotischen Stil wurde als Totenkapelle mit Beinhaus 1440 erbaut. Die Außenkanzel dient der Predigt an Wallfahrtstagen zum heiligen Valentin. Auf dem Kirchenvorhof ist die große Kreuzigungsgruppe beachtenswert, die den Einfluss Hans Backoffens zeigt. *März–Okt. tgl. 9–18 Uhr, Marktstr.*

Pfarrkirche St. Valentinus

★ Die um 1300 auf den Fundamenten eines romanischen Gotteshauses entstandene Kirche ist benannt nach St. Valentin, Schutzpatron der Epilepsiekranken. Reliquien des Heiligen befinden sich in der Kirche; sie lösten im Mittelalter rege Wallfahrten aus. Auffällig ist das prachtvoll gestaltete Westportal, am Mittelpfeiler erblickt man den heiligen Valentin. Größte Kostbarkeit der gotischen Kirche ist ihre Orgel aus dem späten 15. Jh., deren Wert noch rechtzeitig von Kiedrichs Gönner Sir John Sutton erkannt wurde. Der kunstinteressierte britische Mäzen kam 1857 eigens wegen der Orgel nach Kiedrich und fand ein nahezu zerstörtes Instrument vor. Sutton ließ die Orgel zwei Jahre lang in Brügge restaurieren und überwachte selbst den Rücktransport. Heute gilt das Instrument als älteste spielbare Orgel Deutschlands. Etwa 960 Pfeifen, von denen mehr als zwei Drittel aus der Entstehungszeit stammen, sorgen für den einzigartigen Klang. Kunsthistorisches Kleinod ist die von 1330 stammende Kiedricher Madonna mit Krone, Zepter und Weinlaub. *März–Okt. tgl. 10.30–12.30, So auch 14.30–16 Uhr, Nov.–Feb. Sa/So 14.30–16 Uhr, Führungen im Anschluss an das sonntägliche Choralhochamt*

Rathaus Insider Tipp

Das Kiedricher Rathaus gilt als schönstes Renaissancerathaus von

Hessen. Der 1585 errichtete Bau mit zwei flankierenden Erkern und Sandsteinumrahmungen ist Sitz der Gemeindeverwaltung. Das Jawort geben sich Brautpaare im Sitzungssaal des historischen Hauses. *Marktstr.*

ESSEN & TRINKEN

Insider Tipp

Weingut Klostermühle

Im Wiesental unweit der Landstraße nach Eltville gelegenes Fachwerkgebäude. Im Sommer sitzt man im kopfsteingepflasterten Hof, im Winter in der Stube am flackernden Kamin. Sülze mit Bratkartoffeln, hausgemachte rote Grütze, dazu Weine aus Eltviller und Kiedricher Lagen und selbst gebrannte Schnäpse. *Mo/Di und außer So mittags geschl., Eltviller Str. 2, Tel. 06123/40 21, €€*

Weingut Kroneberger-Schäfer

Hier treffen sich Alteingesessene mit Besuchern an einem Tisch, trinken die köstlichen Weine der Winzerin Corinna und lassen sich leckere Kleinigkeiten aus der Küche kommen. *Sa/So und mittags geschl., Mühlberg 3, Tel. 06123/ 53 80, €*

Insider Tipp

Weinschänke Schloss Groenesteyn

Stilvolle Adresse in einem neu errichteten Fachwerkensemble. Das Restaurant serviert anspruchsvolle leichte Gerichte, ebenfalls ambitioniert ist die Weinkarte. *Mo/Di und außer So mittags geschl., Oberstr. 36, Tel. 06123/15 33, €€€*

Waldmühle

Ein Landgasthaus in ruhiger Waldlage mit großer Terrasse und Wintergarten. Sonntags trifft man sich zum üppigen Brunch. Auf dem Weg passiert man die Virchow-Thermalquelle, deren konstant 24 Grad warmes, salzhaltiges Wasser seit 1867 Linderung bei vielen Be-

Die Künstlerin Martina Hesse bei der Arbeit in ihrem Atelier Honigberg

schwerden verspricht. *Mo–Do und außer So mittags geschl., Waldstr. 28, Tel. 06123/63 03 15, €€*

Zehnthof
Eine Institution für Liebhaber großer Fleischportionen in lauter, feucht-fröhlicher Umgebung, zu der Stammgäste sogar aus Frankfurt anreisen. *Do/Fr und außer Sa/So mittags geschl., Oberstr. 1, Tel. 06123/610 58, €*

EINKAUFEN

Insider Tipp **Keramikatelier Honigberg**
Seit vielen Jahren betreibt die Rheingauer Künstlerin Martina Hesse ihre Keramikwerkstatt mit Verkauf am Ortsausgang Richtung Kloster Eberbach. Es entstehen Gegenstände des täglichen Gebrauchs wie auch Skulpturen und auf Anfrage gefertigte Keramiken. *Kloster-Eberbach-Str. 2, Voranmeldung Tel. 06123/12 68*

Weingut Robert Weil
Das im Stil der englischen Gotik erbaute Gut wurde Mitte des 19. Jhs. von Baron John Sutton erbaut, dem die Lage am Mühlberg nahe der Michaelskapelle so gut gefiel. Proben und Verkauf in der Vinothek nebenan. *Mühlberg 5, Tel. 06123/23 08*

Weingut Schüler-Katz
Die ehemalige fränkische Dorfschmiede ist ein Fachwerkhaus wie gemalt: Erker, Kopfsteinpflasterhof, Butzenfenster. Weinverkauf nach telefonischer Anmeldung. *Bingerpfortenstr. 6, Tel. 06123/54 22*

Winzergenossenschaft Kiedrich
Das schöne, lang gestreckte Fachwerkhaus des ehemaligen Adelsgutes Langenhof wird auf das 15. Jh. datiert. In der Winzergenossenschaft kann man die Kiedricher Weine probieren und kaufen sowie – gleich nebenan – günstig speisen (gutbürgerlich). Eine traditionsreiche Adresse, denn die 1893 gegründete Genossenschaft ist die älteste des Rheingaus. *Kammstr. 3, Tel. 06123/24 36*

ÜBERNACHTEN

Gästehaus Egertsmühle
Eine stilvolle Übernachtungsadresse: Doreen Hulbert schuf in ihrer historischen Mühle, umgeben von Wald und Pferdekoppeln, individuell ausgestattete Gästezimmer. Frischer Blumenschmuck, Sinn fürs Detail, köstliches Frühstück. *7 Zi., Waldstr. 26, Tel. 06123/29 10, Fax 31 63, www.egertsmuehle.de, €€*

Nassauer Hof
Günstige Preise, bürgerliches Ambiente und ein angeschlossenes Restaurant. *25 Zi., Bingerpfortenstr. 17, Tel. 06123/24 76, Fax 622 20, www.nassauerhof.de, €€*

AUSKUNFT

Verkehrsamt Kiedrich
Rathaus, Marktstr. 27, 65399 Kiedrich, Tel. 06123/90 50 10, www.kiedrich.de, www.kiedrich-geschichte.de

ZIEL IN DER UMGEBUNG

Kloster Eberbach **[112 C4]**
★ Ein Ort der Stille: Selbst an betriebsamen Wochenenden umgibt besinnliche Ruhe die Besucher, der Atmosphäre von Stille und Erhabenheit kann sich niemand entzie-

Ein Meisterwerk: das gotische Gewölbe im Kreuzgang des Klosters Eberbach

hen. Das Kloster ist ein einzigartiges Architekturkunstwerk und gilt als die am besten erhaltene mittelalterliche Klosteranlage Europas.

Die Legende berichtet: »Als der heilige Bernhard mit Erzbischof Adalbert für das neu zu errichtende Kloster einen Raum aussuchte, kam plötzlich ein wilder Eber aus dem Wald, schlitzte vor ihren Augen mit seinem Rüssel den Boden auf, zog eine umkreisende Furche und bezeichnete dadurch den Bezirk für das Kloster.« Als es zur Gründung kam, entschied man sich deshalb auch für ein Wappen, das einen im Bach stehenden Eber zeigt, der auf dem Rücken eine Kirche trägt und im Maul eine Traube hält. 1136 zogen 24 Mönche und Laienbrüder des Zisterzienserordens in das bereits bestehende Kloster der Augustiner-Chorherren. Arbeit, Fasten und Schweigen – das Leben der Zisterzienser war strenger Kontemplation gewidmet.

Die Hinwendung des Ordens zu Meditation und religiösem Ernst beeinflusste seine Bauvorschriften. Skulpturaler Schmuck wurde ebenso abgelehnt wie Bilder, stattdessen richtete sich die Architektur aus am Klang der Liturgie. Der um 1250 bis zur Mitte des 14. Jhs. erbaute Kreuzgang stellt das architektonische Zentrum des Klosters dar. Darum angeordnet sind die bedeutendsten Wirtschaftsgebäude.

Noch heute erinnert man sich im Kloster an die Dreharbeiten zum Film »Der Name der Rose« nach dem Roman von Umberto Eco, dessen Klosterszenen 1985 mit Hauptdarsteller Sean Connery teilweise hier gedreht wurden. 1998 überführte man die Klosteranlage in eine gemeinnützige Stiftung öffentlichen Rechts.

Für Kinder werden besondere Führungen (»Bonifaz, die Klostermaus«) angeboten. Ein besonderes Erlebnis sind die in historischen Räumen stattfindenden Weinproben. Insider Tipp Die »Schlenderprobe« z. B. ist ein Klosterrundgang mit Verkostung von sechs Rieslingweinen in sechs Räumen (18 Euro). Für Einzelbesucher findet zwischen Mai und Oktober jeden ersten Freitag im Monat die »offene Schlenderweinprobe« statt, während jeden dritten Freitag zwischen Mai und Oktober die »Traditionsweinprobe« veranstaltet wird. *April–Okt. tgl. 10 bis 18, Nov.–März 11–17 Uhr, 3,30 Euro, Kloster-Eberbach-Straße 3 km westlich zwischen Kiedrich und Hattenheim, Buchungsservice Tel. 06723/91 78 11, www.klostereberbach.de*

OESTRICH-WINKEL

[112 B–C 5–6] Wenn man auf der Bundesstraße 42 am Rhein von Eltville gen Westen fährt, passiert man die ineinander übergehenden Orte Oestrich, Mittelheim und Winkel (zusammen 12 000 Ew.). Unter Bäumen auf der rechten Seite erblickt man so manches prächtige historische Gebäude, oft Hotel oder Café, und auch Schloss Reichartshausen. Hunderte von Studenten studieren an der im Schloss untergebrachten European Business School Betriebswirtschaft und Immobilienökonomie. Die private Universität gilt als eine der besten Wirtschaftsuniversitäten des Landes. Wahrzeichen Oestrichs ist der hölzerne Kran am Leinpfad, der einst der Weinverladung diente. Aufwändig restauriert wurde der Ortskern mit seinen blumengeschmückten Häusern rund um den Marktplatz. Von herausragendem kunsthistorischem Interesse ist die romanische Basilika von Mittelheim, während das Graue Haus am südlichen Ortsrand von Winkel zu den ältesten Steinhäusern Deutschlands zählt. Im frühen 19. Jh. als Treffpunkt der Rheinromantiker bekannt wurde das Brentano-Haus. Hier war 1814 schon Goethe zu Besuch, ein Zimmer erinnert an den Dichterfürsten.

SEHENSWERTES

Basilika St. Ägidius

Der 1131 errichtete gotische Sakralbau in Mittelheim ist die älteste Kirche des Rheingaus. Die äußerlich schlichte, dreischiffige Pfeilerbasilika enthält eine Statue des heiligen Urban, Schutzpatron der Winzer. Ein Jahrhundert älter ist die Statue des Kirchenpatrons Ägidius, ebenfalls ein Schutzpatron des Weins und jeweils am 1. September mit frischen Trauben geschmückt. Kunsthistorisch bedeutsam ist die holzgeschnitzte Kanzel von 1511. An der Rückseite der Basilika sowie am rechten und linken Querarm liegende Grabstätten sind ehemaligen Gönnern der Kirche vorbehalten, u. a. Mitgliedern der Familie von Greiffenclau, die zu Beginn des 18. Jhs. eine Restaurierung im barocken Stil stiftete.

Brentano-Haus

★ Das lang gestreckte Landgut mit dem zweistöckigen Mansardendach, zum Rhein hin von einem mauerbegrenzten Garten umgeben, wurde 1751 von einer Binger Familie erbaut und geriet 1806 in den Besitz der Frankfurter Familie Brentano. Clemens von Brentano, seine Schwester Bettina und ihr Mann Achim von Arnim verlebten hier ihre Sommer, umgeben von einem illustren Freundeskreis. Im August

Im Brentano-Haus am Rhein sind auch heute Literatur und Musik zu Hause

1814 war Johann Wolfgang Goethe zu Gast, ein Jahr später nutzte er das Brentano-Haus als Ausgangspunkt einer Wanderung nach Schloss Johannisberg. Auch die Brüder Grimm, Friedrich Carl von Savigny und die Dichterin Karoline von Günderode (bestattet auf dem Winkeler Friedhof) zählten zu den Besuchern.

Nahezu unverändert erhalten geblieben sind Stil und Einrichtung einiger Zimmer, die heute bei Führungen gezeigt werden. »Salonkultur im Brentano-Haus« heißen die um Wein, Musik und Literatur kreisenden Veranstaltungen. Regelmäßig organisiert Angela von Brentano auch Dichterlesungen und musikalische Darbietungen. Stimmungsvoll ist das angeschlossene Restaurant. *Führungen zu festen Terminen März–Okt. Sa 16 Uhr, bis 8 Personen 50 Euro, ab 9 Pers. 6 Euro/Person, Winkel, Am Lindenplatz 2, Tel. 06723/20 68*

Graues Haus

Die schlichte äußere Form verrät romanischen Stil; tatsächlich gehört das Graue Haus zu den wenigen Wohnbauten der Region, die in diesem Baustil errichtet wurden. Unsicher ist man sich über die Entstehungszeit des Bauwerks. Bei Restaurierungsarbeiten wurde Baumaterial identifiziert, das aus dem 11. Jh. stammt. Danach wäre das Graue Haus das älteste Steinhaus Deutschlands. Es diente lange der Familie von Greiffenclau als Stammhaus. Bis vor wenigen Jahren beherbergte es ein Restaurant, über die künftige Nutzung ist noch nicht entschieden. *Winkel, Graugasse*

Schloss Vollrads

★ Von der einstigen Wasserburg der Freiherren von Greiffenclau aus dem frühen 14. Jh. ist nur noch der eindrucksvolle, über eine Brücke zu erreichende Wohnturm erhalten. Die Orangerie und das Kavaliershaus stammen aus dem 17. und 18. Jh. Sie beherbergen heute einen Gutsausschank. Letzte Umbauarbeiten fanden Anfang des 20. Jhs. statt, als Clara Gräfin Matuschka-Greiffenclau zwei Türme anbauen und den südlichen Teil des Herrenhauses erhöhen ließ. Nach dem Tod von Erwein Graf Matuschka-Greiffenclau werden Schloss und Weinberge heute von der Nassauischen Sparkasse verwaltet. *Gelände frei zugänglich, Vollradser Allee, Zufahrt über Obere Schwemmbach, www.schlossvollrads.com*

Weinkran

Ein quadratischer Fachwerkbau auf einem Sockel aus Sandsteinquadern mit einem Schieferdach und einem 9 m langen Ausleger am Ufer des Rheins ist das Wahrzeichen der Stadt: Der 1745 gebaute Kran diente der Verladung von Weinfässern und ist ein bedeutsames technisches Denkmal. Mit der Fertigstellung besaß auch Oestrich-Winkel, als letzte Gemeinde im Rheingau, einen Verladekran. Von hier wurden die Weinausfuhren aus dem Kloster Eberbach und von Oestrich, Mittelheim, Winkel, Hallgarten und Johannisberg erledigt. *Leinpfad Oestrich*

ESSEN & TRINKEN

Grüner Baum

Karierte Tischdecken und stille, behagliche Atmosphäre erwarten Besucher des Fachwerkhauses, in dem seit mehr als 350 Jahren für Gäste gekocht wird. Bodenständige Gerichte, Riesling- und Spätburgunderweine, und im Sommer sitzt man im kleinen, von Reben umrankten Gärtchen. *Do geschl., Rheingaustr. 45, Tel. 06723/16 20, €*

Gutsrestaurant im Kavaliershaus Insider Tipp

Einzigartige Atmosphäre im Schloss Vollrads und ein Ausblick auf Schlossgarten und Landschaft. Regionale Küche mit traditioneller Zubereitungstechnik, dazu feine tagesfrische Zutaten. Von Juni bis Oktober genießt man hier sonntags von 12 bis 15 Uhr Livemusik (Jazz und Rock ebenso wie Klassik), dazu gibts Weine und herzhafte Speisen in Selbstbedienung. *Nov.–März Mi/Do geschl., Tel. 06723/52 70, €€€*

Insider Tipp

Zur Krone

Hinter dem bürgerlichen Namen verbirgt sich ein junges italienisches Restaurant. Inhaber und Küchenchef Christopher Jahn arbeitete u. a. bei Kochlegende Eckart Witzigmann auf Mallorca. Angenehm das Interieur: puristische Toskanaatmosphäre im entkernten Fachwerkhaus. Im Sommer speist man auch auf dem Marktplatz. *Tgl., Markt 14, Tel. 06723/888 99 66, €€*

EINKAUFEN

Sallys Cottage

Herrlich zum Stöbern: Patchworkdecken und Vogelhäuser aus Neuengland, italienisches Porzellan, Landhausmöbel der flämischen Marke Flamant, Kinderbücher und nostalgisches Blechspielzeug. Auch die Galerie der ehemaligen evangelischen Kapelle beherbergt noch viele Schätze. *Rheingaustr. 21*

Weingut Fritz Allendorf Insider Tipp

Auch Winzer gehen mit der Zeit: Wein probieren kann man an vielerlei Orten im Rheingau – Fühlen (von Bodenproben), Riechen (der unterschiedlichen Weinaromen) und Hören (auf die Geräusche beim Einschenken reifer Weine) bei unterschiedlicher Beleuchtung kann man in der *Wein.Erlebnis.Welt* dieses Weinguts. Anschließend darf gekauft werden. *Kirchstr. 69, Tel. 06723/918 50, www.allendorf.de*

ÜBERNACHTEN

Pension Michael Dornbach
Nettes, modernes Gästehaus des gleichnamigen Weinguts mit betont zurückhaltender Möblierung. *4 Zi., Feldstr. 1, Tel. 06723/36 02, Fax 874 89, www.weingut-dornbach.de,* €–€€

Hotel Schwan
Ein hohes Schieferdach, Dutzende von Sprossenfenstern, ein Turmvorbau und die Fachwerkfassade verströmen ein beinahe südländisches Flair. Dazu trägt auch die breite Markise über der Terrasse bei, auf der die Gäste gern Platz nehmen. Das tatsächliche Alter des 1628 erbauten Viersternehotels nimmt man im historischen Gewölbekeller wahr, in dem Weinproben veranstaltet werden. *54 Zi., Rheinallee 5, Tel. 06723/80 90, Fax 78 20, www.hotel-schwan.de,* €€€

Gästehaus Strieth
In einem prächtigen Fachwerkhaus nur 100 m vom Rhein betreibt Pamela Kurz ihr behagliches Gästehaus. Fachwerkbalken und Sprossenfenster im Frühstücksraum, wo ein reichhaltiges Buffet serviert wird. Im Sommer lockt zudem eine Gartenterrasse. *15 Zi., Hauptstr. 128, Tel. 06723/995 80, Fax 99 58 99, www.gaestehaus-strieth.de,* €€

FREIZEIT & SPORT

Rheinfähre Mittelheim–Ingelheim
Pendler, die auf der anderen Rheinseite arbeiten, wie Touristen nutzen die Autofähre. Zudem ist sie eine günstige Gelegenheit, um für ein

Karl

Ein Kultcomic aus dem Rheingau

Ich hör der Winzer froh Getümmel, hier ist des Volkes wahrer Himmel, zufrieden jauchzet Groß und Klein, hier bin ich Mensch, hier trink ich Wein«, deklamiert Geheimrat Wolfgang von Goethe, der der Comicfigur Karl bei der Weinlese auf Schloss Johannisberg hilft. Nachzulesen sind diese und andere skurrile (auf geschichtlichen Ereignissen beruhende) Begebenheiten in den »Karl«-Comics. Diese entstehen in Walluf im *Karl-Shop (Hauptstr. 65 a)* des ak-Verlags, eines zweiköpfigen Teams. Auch zwei englischsprachige Versionen, der »Spätlese-Rider« und »The Huge Barrel«, sind auf dem Markt, ja sogar eine japanische Version. Und seit der Vertonung zum Singspiel »Musikarl« mit Aufführungen im Kurfürstlichen Schloss in Mainz und auf Schloss Johannisberg sind dem Erfolg keine Grenzen mehr gesetzt.

Viertelstündchen auf dem Rhein zu kreuzen. *Halbstündlich Mo–Fr 6 bis 20, im Sommer bis 21.30, Sa ab 7, So ab 8 Uhr, www.rheinfähre.de*

AM ABEND

Insider Tipp **Brentano-Scheune**
Das städtische Kulturhaus ist untergebracht in einem industriellen Baudenkmal: Um 1800 beherbergte das aus Bruchstein und Fachwerk erbaute Haus eine Gerberei, später wechselte es in den Besitz der Familie von Brentano über. Und heute? Henning Venske lädt zur Lesung mit Musik, Kabarettist Dieter Hildebrandt präsentiert Aktuelles aus seinem Programm, und Tatort-Kommissar Udo Wachtveitl erzählt den Hessen über ein »Mörderisches Bayern«. Daneben finden in der Brentano-Scheune Varietédarbietungen, Comedy und Artistik statt. *Hauptstr. 134 a, Tel. 06723/99 21 31, www.brentanoscheune.de*

AUSKUNFT

Verkehrsverein Oestrich-Winkel
An der Basilika 11 a, 65375 Oestrich-Winkel, Tel. 06723/194 33

ZIEL IN DER UMGEBUNG

Hallgarten **[112 B–C5]**
Blumengeschmückte Fachwerkhäuser, Gasthäuser und Straußwirtschaften prägen das Winzerdorf (2500 Ew.) 3 km nordöstlich. Aus dem 12. Jh. stammen Nordwand und Turm der Pfarrkirche. Stolz ist die Gemeinde auf die Tonskulptur der »Madonna mit der Scherbe«. Der Name bezieht sich auf das Gefäß (Scherbe), das die Mutter Gottes in der rechten Hand trägt; in der

Die »Madonna mit der Scherbe«: Schon das Jesuskind ist Trauben haltend dem Wein verbunden

Linken das Kind, das Weintrauben hält. Ein Gegenstück der äußerst wertvollen, von 1420 stammenden Figur, die Belle Alsacienne, befindet sich im Pariser Louvre.

Bestandteil des Hallgartener Wappens ist eine Zange. Tatsächlich ist mit diesem aus dem Mittelhochdeutschen übernommen Begriff (ursprünglich »Zanke«) nicht ein Werkzeug gemeint, sondern ein Felsvorsprung. Die *Hallgartener Zange,* ein oberhalb des Ortes von Wäldern umgeben gelegener Aussichtspunkt, ist ein beliebtes Ausflugsziel. Auf einem Felsvorsprung in 580 m Höhe befindet sich ein Turm, das wieder aufgebaute Relikt einer ehemaligen Befestigungsanlage.

Drosselhof
SCHLOSS
HOTEL

Tor zum Erbe der Menschheit

Wo die Spätlese erfunden wurde und die Drosselgasse Millionen von Besuchern anzieht

Rüdesheim, Johannisberg, Assmannshausen – angesichts der Werbewirksamkeit und des großen Bekanntheitsgrades dieser Orte rücken die Schönheiten und Besonderheiten anderer Orte im westlichen Rheingau fast in den Hintergrund. Durch umfangreiche Restaurierung der Innenstadt und Verkehrsberuhigung konnte besonders die sympathische »Lindenstadt« Geisenheim in den letzten Jahren an Attraktivität gewinnen.

Gleich zwei bedeutende Klöster trifft man im westlichen Rheingau an: Das von Franziskanern geleitete Marienthal ist einer der ältesten Wallfahrtsorte Deutschlands, und im Kloster Eibingen leben Nachfolgerinnen der Klostergründerin Hildegard von Bingen, die – wie es sich im Rheingau gehört – u. a. erfolgreich Weinbau betreiben.

Rüdesheim, das Tor zum »Erbe der Menschheit«: Die Aufnahme des Mittleren Rheintals in die Unescoliste 2002 zog große touristische Aufmerksamkeit nach sich. Tatsächlich gehört diese Region zwischen Rüdesheim und Koblenz zu den eindrucksvollsten Deutschlands:

»144 Meter Lebensfreude«: die Drosselgasse in Rüdesheim

Hier heißt es bald: Ab ins Büttchen!

Wenige Kilometer hinter Rüdesheim beginnt die Landschaft sich zu verändern. Das weiträumige Rheintal rückt zusammen, steil ragen die Hügel rechts der Straße in die Höhe. Selbst der Rhein scheint nicht mehr der alte zu sein: der noch in Rüdesheim 700 m breite Fluss verengt sich bis auf weniger als die Hälfte.

GEISENHEIM

[111 E–F 5–6] Vom Lindenplatz im Herzen der Altstadt lassen sich auf einem Spaziergang die historischen Sehenswürdigkeiten Geisenheims (12 000 Ew.) am besten erkunden. Untergebracht in Fachwerkhäusern sind zudem zahlreiche Boutiquen, die die Bedeutung Geisenheims als

Pause unter der 700-jährigen Linde der »Lindenstadt« Geisenheim

beliebte Einkaufsstadt unterstreichen. Den Marktplatz schmückt eine fast 700 Jahre alte Linde, ein einzigartiges Naturdenkmal, dem zu Ehren das alljährlich am zweiten Juliwochenende gefeierte Lindenfest begangen wird. Mehrere prächtige Schlösser liegen am Stadtrand.

SEHENSWERTES

Dom
Das gotische Bauwerk stammt aus dem Jahr 1510 und wurde an der Stelle einer romanischen Vorgängerkirche errichtet. Zahlreiche bauliche Veränderungen im 19. Jh. stammen von dem Nassauer Baumeister Philipp Hoffmann. Dabei wurde das Kirchenschiff um nahezu das Doppelte verlängert, und zwei Kirchtürme ersetzten 1829 die baufällig gewordenen Westtürme. Im Kircheninneren (südliches Seitenschiff) ist der so genannte Dreikönigsaltar von 1480 bemerkenswert.

Linde
Der bald 700 Jahre alte Laubbaum am Marktplatz ist das Zentrum der »Lindenstadt«. Dank immer wieder erfolgreich durchgeführter Arbeiten des Baumdoktors beschattet die Linde nach wie vor die um ihren Stamm angebrachten Sitzbänke. Der Baum hatte bereits eine stattliche Größe, als im Mittelalter hier öffentlich Rats- und Gerichtsversammlungen abgehalten wurden. Jüngeren Datums, nämlich von 1823, ist der Marktbrunnen im klassizistischen Stil.

Schloss Schönborn
Als eine Mischung aus Burg und Schloss präsentiert sich das weithin sichtbare Bauwerk mit dem Fachwerkerker und den vier Ecktürmen sowie einem Treppenturm. Erbaut um 1550, wechselte es Mitte des 17. Jhs. in den Besitz von Erzbischof Johann Philipp von Schönborn über, der es als Sommerre-

sidenz nutzte. Das noch heute in Familienbesitz befindliche Schloss, umgeben von einem Weinberg, ist nur im Rahmen von (Musik-)Veranstaltungen zu besichtigen. *Winkeler Str.*

Villa Monrepos
Als Altersdomizil ließ sich 1860 bis 1863 Freiherr Eduard von Lade diese repräsentative, von einem herrlichen Park umgebene Villa erbauen. Er gründete 1872 die Königliche Lehranstalt für Wein-, Obst- und Gemüseanbau und rief die Pomologische Hochschule ins Leben, also eine Uni für Obstforschung. Später stiftete von Lade die Villa Monrepos mit zahlreichen Mustergärten und seltenen Pflanzen der Stadt. Zwei Jahre später stattete Kaiser Wilhelm II. der Villa einen Besuch ab. Heute ist die Lehr- und Forschungsanstalt ein international renommiertes Ausbildungsinstitut. *Rüdesheimer Str.*

ESSEN & TRINKEN

Schloss Kosakenberg
Speisen in den stimmungsvollen Schlossräumen des Palais der Reichsgrafen von Ingelheim mit aufwändig gestalteter Vorhalle im barocken Stil. *Mo geschl., Bahnstr. 1, Tel. 06722/715 43,* €€€

EINKAUFEN

English Gallery
Schmuck, Mode und Wohnen – um diese Themen rankt sich das Angebot der in einem entzückenden Fachwerkhaus untergebrachten Galerie. *Römerberg 2–3*

ÜBERNACHTEN

Campingplatz
Günstig und in schöner Lage, nämlich unmittelbar am Rheinufer: Der großzügige Platz (35 000 m^2) bietet 350 Stellplätze für Campingmobile.

MARCO POLO Highlights »Westlicher Rheingau«

★ **Kloster Marienthal**
Kontrast zum glamourösen Rheingau: ein von Mönchen bewohntes Wallfahrtsziel (Seite 64)

★ **Niederwalddenkmal**
Die beste Aussicht auf das Rheintal (Seite 69)

★ **Rheingauer Weinmuseum Brömserburg**
Faszinierendes Rüdesheimer Weinmuseum in einer mittelalterlichen Burg (Seite 70)

★ **Rüdesheimer Schloss**
Hier wohnen Sie in einem bald 300 Jahre alten Bauwerk (Seite 72)

★ **Schloss Johannisberg**
900 Jahre Weinbaugeschichte, wunderschön präsentiert – und einen Gutsausschank gibt es obendrein (Seite 66)

★ **Kabinenseilbahn**
Der Rhein und die Pracht der Rüdesheimer Altstadt von oben gesehen (Seite 68)

Kloster Marienthal: ein Pilgerziel im ursprünglichen Sinn des Wortes

Auch die Anmietung eines Wohnwagens (15 Euro) ist möglich. Zur Anlage gehört das ganzjährig geöffnete Lokal *Rheingaupavillon. Nov. bis Feb. geschl., Am Rheinufer 1, Tel. 06722/756 00*

Waldhotel Gietz

In romantischer Waldlage unweit des Klosters Marienthal thront das weiße Gebäude des Hotels vor grüner Kulisse. Die Zimmer mit Balkon sind auch als Familienzimmer – mit Verbindungstür – geeignet. Auch Schwimmbad und eine Sauna sind vorhanden. *60 Zi., Marienthaler Str. 20, Tel. 06722/996 00, Fax 99 60 99, www.waldhotel-gietz.de,* €€–€€€

AUSKUNFT

Städtisches Verkehrsamt

Rüdesheimer Str. 48, 65366 Geisenheim, Tel. 06722/70 10, Fax 70 11 20, www.geisenheim.de

ZIELE IN DER UMGEBUNG

Kloster Marienthal **[111 E5]**

★ In Stille und Schönheit der Natur ruht das Franziskanerkloster Marienthal 4 km nördlich von Geisenheim umgeben von den Wäldern des Elsterbachtals. Nach einer wundersamen Heilung vor dem in Holz geschnitzten Marienbild (das noch heute den größten Schatz des Klosters darstellt) errichtete man eine Kirche, die 1330 geweiht wurde. Der bis ins 18. Jh. u. a. von Jesuiten geleitete Wallfahrtsort wurde von Franziskanern übernommen, die bis heute danach trachten, ihr Leben nach den Lehren des hl. Franziskus von Assisi auszurichten. Zu den täglichen Gottesdiensten in der Kapelle *(6.30, 10.30, 14.30 Uhr)* sowie sonntags in der Wallfahrtskirche *(8.30, 10.30, 14.30 Uhr)* sind Besucher gern gesehen. Bei schönem Wetter und an Wallfahrtstagen versammeln sich die Pilger auf dem großen Platz hinter der Kirche für einen Gottesdienst im Freien. *www.Kloster-Marienthal.de*

Stephanshausen **[111 E4]**
Der Erholungsort liegt 12 km nördlich geschützt in einer Talsenke, umgeben von Wäldern und landwirtschaftlich genutzten Feldern. Von Stephanshausen (2000 Ew.) aus lassen sich zahlreiche schöne Wanderungen unternehmen, beispielsweise auf einem Teilstück des *Rheinhöhenwegs,* der durch den Ort verläuft und zum Aussichtspunkt Hallgartener Zange führt. Der Hin- und Rückweg beträgt 10 km, vom Dorfgemeinschaftshaus an der Hauptstraße ist der Rheinhöhenweg ausgeschildert. Folgt man dem mit »R« bezeichneten Weg, gelangt man zum Naturdenkmal *Grauer Stein,* Felsblöcken, die bis zu 10 m in die Höhe reichen. Nach weiteren 3 km ist der Aussichtspunkt *Hallgartener Zange* erreicht. Will man ein paar Tage auf den Höhen des Rheingaus verbringen, empfiehlt sich in Stephanshausen als Unterkunft das *Landhotel Lietz (12 Zi., Brühlstr. 2–4, Tel. 06722/750 00, www.landhotel-lietz.de, €€).*

JOHANNISBERG

[111 F5] Der Weinort (3500 Ew.) oberhalb von Geisenheim fasziniert als architektonisches Kleinod. Historische Weingüter, eine zum Hotel umgebaute Burg und das Johannisberger Schloss prägen die Atmosphäre. »Könnte ich Berge versetzen«, so notierte einst Heinrich Heine, »der Johannesberg wäre just derjenige Berg, den ich mir überall nachkommen ließe.« Die schönere Anfahrt führt über Oestrich-Winkel, vorbei an Weinbergen; gleich linker Hand am Ortseingang passiert man die von Pappeln gesäumte Auffahrt zum Johannisberger Schloss.

In Johannisberg wurde Weingeschichte geschrieben: 1858 las man hier erstmals Eiswein. Er wird aus sehr reifen Trauben gekeltert, die durch frühen Frost gefroren sind, was hohe Öchslegrade und eine schwere Süße ergibt. Darüber hinaus gilt Johannisberg auch als Geburtsort der Spätlese: Im Herbst des Jahres 1775, so berichtet die Chronik, verspätete sich der Reiter, der als Kurier die in Fulda erteilte Weinleseerlaubnis überbringen sollte.

Siegeszug einer Rebsorte

Umständlich der Name, köstlich der Geschmack: Müller-Thurgau

Eine der beliebtesten Weinsorten Deutschlands hört auf diesen etwas sperrig klingenden Namen. In der Geisenheimer Lehr- und Forschungsanstalt kreuzte Professor Dr. Müller-Thurgau 1882 die Rebsorten Riesling und Silvaner und schuf die Grundlage für einen Wein von angenehmer, zurückhaltender Säure. Heute wird die unkomplizierte Rebsorte selbst im fernen Neuseeland angebaut.

Seit Jahrhunderten eine Hochburg des Weinbaus: Schloss Johannisberg

Erstmals wurden daher schon von Fäulnis befallene Trauben gelesen – was sich bald darauf als Glücksfall für die Qualität des Weins erweisen sollte. Jenes Jahr war der Beginn der Prädikatsweinerzeugung. Im Hof des Schlosses Johannisberg ist dem Spätlesereiter ein Denkmal gesetzt worden.

SEHENSWERTES

Ruine Schwarzenstein

Malerischer Verfall kennzeichnet die Burg Schwarzenstein, doch der äußere Eindruck täuscht: Hinter der Fassade der im Zeichen der Rheinromantik 1873 als künstliche Ruine erbauten Burg verbirgt sich ein komfortables Hotel mit feinem Restaurant. Neben einem zinnenbewehrten Rundturm erstrecken sich eine lange, verglaste Veranda mit Fenstern im gotischen Stil sowie ein Salon. Ein kleiner Park rundet das Ensemble ab.

Schloss Hansenberg

Das 1823 ursprünglich als Armen- und Waisenhaus geplante Bauwerk, umgeben von der gleichnamigen Weinbergslage und lange Zeit als Katastrophenschutzschule für das Land Hessen genutzt, beherbergt nach aufwändigem Umbau und architektonischen Erweiterungen heute das Internat Hansenberg, ein Oberstufengymnasium für besonders leistungsstarke Schüler.

Schloss Johannisberg

★ Das weitläufige, aus mehreren Trakten bestehende Bauwerk wurde 1106 von Benediktinern als Kloster gegründet, die hier viele Jahrhunderte Weinbau betrieben. Mit dem Erwerb des Klosters durch die Fuldaer Fürstabtei 1716 begann eine Phase des häufigen Besitzerwechsels. Beim Wiener Kongress fiel es an Österreich und Kaiser Franz I. Dieser vermachte das Anwesen 1816 seinem Staatskanzler

Clemens Wenzel Lothar Fürst von Metternich-Winneburg und damit einer Familie, in deren Besitz sich Schloss Johannisberg noch heute befindet.

Nach größeren Zerstörungen während des Zweiten Weltkriegs wurde das Bauwerk ab 1954 in großen Teilen neu aufgebaut. Architektonisches Vorbild war weniger der Klassizismus, nach dessen Idealen noch zu Beginn des 19. Jhs. umgebaut wurde, sondern das ursprüngliche Aussehen des Klosters. *www.schloss-johannisberg.de*

ESSEN & TRINKEN

Gutsschänke Schloss Johannisberg

Warme und kalte Speisen, beliebt ist die *Vegetarische Vesper:* Brot mit verschiedenen Käsesorten und kleineren Salaten. Dazu gibt es ein reichhaltiges Angebot an Weinen des Schlosses. *Tgl., Tel. 06722/960 90,* €€

Hanka

Die Stimmung ist hervorragend, der Geräuschpegel beträchtlich: Stets gut besucht ist die stilvolle, wohlbekannte Gutsschänke, die Alteingesessenen ebenso gefällt wie Besuchern. Die Küche serviert deftige Kleinigkeiten. Dem Sekt schreiben Kenner und Liebhaber eine Insider Tipp aphrodisische Wirkung zu. *Mo/Di geschl., Grund 41, Tel. 06722/88 79,* €

Insider Tipp Schamari-Mühle

Ohne modischen Firlefanz: einfach, schlicht, gemütlich. Hausmacherküche (Bratkartoffeln, Winzerweck und Co.) und günstige Ausschankweine. *Mittags geschl., Grund 65, Tel. 06722/82 98,* €

Weingut Schleifmühle Insider Tipp

Das Richtige für einen heißen Sommerabend: Die Waldschänke ist nach Sonnenuntergang romantisch beleuchtet, und auch das Angebot stimmt: Hausmannskost und dazu ein Rheingauer Riesling. *Mai–Okt. Di–Sa ab 15, So ab 12 Uhr, erste Mühle an der Straße von Marienthal nach Johannisberg, Tel. 06722/81 22,* €

EINKAUFEN

Weingut Prinz von Hessen

Probieren und kaufen in einem der großen Weingüter der Region. Auf etwa 50 ha werden in 17 Lagen Riesling und Spätburgunder angebaut. Neben den Weinen »Landgraf von Hessen« wird der Sekt »Kurhessen« sowie »Alter Riesling Weinbrand« produziert. *Grund 1*

ÜBERNACHTEN

Burg Schwarzenstein

Nach aufwändigen Umbauarbeiten wurde das Hotel wieder geöffnet. Ein herrlicher Blick über das Rheintal erfreut die Gäste, auch für den stilvollen Five o'Clock Tea gibt es kaum eine schönere Adresse. *5 Zi., Tel. 06722/995 00, Fax 99 50 99, www.burg-schwarzenstein.de,* €€€

Haus Neugebauer

Sonnenlage oberhalb von Johannisberg im Wald. Von der wunderschönen Aussichtsterrasse des zu Anfang des 20. Jhs. als Internat errichteten Gebäudes liegt Ihnen der Rheingau zu Füßen. *38 Zi., Presberger Str. 1 km nach Ortsende, Tel. 06722/960 50, Fax 74 43, www.hotel-neugebauer.de,* €€

Rheinsteig

Weißes R auf schwarzem Grund

Im September 2005 wurde er feierlich eröffnet: Der 320 km lange Rheinsteig von Wiesbaden nach Bonn gilt bereits als Flaggschiff der Weitwanderwege in Deutschland. Auf fast 80 km führt er durch den Rheingau. Startpunkt ist der Neroberg in Wiesbaden. Ausgerüstet mit Karten, folgt man den Markierungszeichen, einem weißen R auf schwarzem Grund. Der mitunter anstrengende Pfad belohnt Wanderer mit immer wieder wunderschönen Ausblicken und einem einzigartigen Natur- und Kulturerleben zwischen Schlangenbad, Kiedrich, Eltville, Oestrich-Winkel, Geisenheim, Rüdesheim und schließlich Lorch. *www.rheinsteig.de*

AM ABEND

Insider Tipp

Charly's Inn

Der Johannisberger Szenetreff wird schlicht »das Loch« genannt, denn so mancher geht hier verschütt und findet erst in den frühen Morgenstunden nach Hause. *Rosengasse 2, Tel. 06722/56 72*

RÜDESHEIM

[111 E5–6] Mit dem Slogan »144 Meter Lebensfreude« kennzeichnet die Stadt ihre berühmteste Attraktion, die in aller Welt bekannte Drosselgasse. Tatsächlich gehört Rüdesheim (10 000 Ew.), gemessen an seiner Einwohnerzahl, zu den Orten mit den meisten Besuchern in Deutschland. Das Zentrum der Rheinromantik inspirierte einst Dichter und Musiker. So komponierte Johannes Brahms in Rüdesheim, während er der Fertigstellung des Niederwalddenkmals beiwohnte, seine Dritte Sinfonie.

Auch in kultureller Hinsicht hat der bekannteste Ort des Rheingaus einiges vorzuweisen, darunter historische Adelshöfe in der Oberstraße und mit dem Adlerturm in der Grabenstraße ein Relikt der alten Stadtmauer und Befestigungsanlage aus dem 15. Jh. Und die Brömserburg ist eine der ältesten Rheinburgen der Region. Die Gastronomie ist eine so vielseitig wie kaum sonst irgendwo im Rheingau. In den Restaurants, Straußwirtschaften und Kneipen finden immer wieder musikalische Livedarbietungen statt. Die touristisch ausgerichteten Geschäfte haben auch sonntags geöffnet.

Beschaulich ist die Stimmung im oberhalb von Rüdesheim inmitten von Weinbergen gelegenen Ortsteil Eibingen. Auch hier locken zahlreiche Gasthöfe und Winzerstuben zur Einkehr. Berühmt wurde der Ort als Wirkungsstätte der hl. Hildegard von Bingen, die hier 1165 ein Kloster gründete.

SEHENSWERTES

Kabinenseilbahn

★ Gemächlich schweben die Gondeln über die Weinberge hinauf

zum Niederwalddenkmal. Belohnt wird man mit einem herrlichen Blick auf die Rüdesheimer Altstadt und den Rhein. Ein Kombiticket *(6 Euro)* verbindet die Fahrt von Rüdesheim zum Denkmal und die Rückfahrt von oben mit dem Sessellift nach Assmannshausen (oder umgekehrt). Für die Strecke Rüdesheim–Assmannshausen oder umgekehrt stehen Bus, Bahn und Schiff zur Verfügung. Zu bestimmten Terminen werden auch Nachtfahrten angeboten. *April–Okt. tgl. 9.30 bis ca. 2 Std. vor Sonnenuntergang, Oberstr. 37, Hin- und Rückfahrt 6 Euro, www.seilbahn-ruedesheim.de*

Niederwalddenkmal

★ Weithin sichtbar thront über dem Südhang des Niederwalds das Nationaldenkmal der Germania, 1877–83 erbaut »zur Erinnerung an die sieg- und erfolgreiche einmütige Erhebung des Deutschen Volkes und die Wiederaufrichtung des Deutschen Reiches« nach dem Deutsch-Französischen Krieg. Die etwa 12 m hohe und 32 t schwere Germania trägt die Kaiserkrone in der rechten und das Reichsschwert in der linken Hand. Von der großen Terrasse am Sockel des Denkmals öffnet sich ein Panoramablick auf das Rheintal. Nicht wenige Besucher kommen mit der Seilbahn von Rüdesheim herauf. Einen Besuch lohnt die nahe *Adlerwarte (Mai bis Okt. tgl. 10–17 Uhr, 3,50 Euro, www.adlerwarte-niederwald.de)*, in der Sie zahlreiche heimische Greifvögel zu Gesicht bekommen und Interessantes über Aufzucht und Jagdgewohnheiten der Tiere erfahren.

Winzerexpress

Besichtigungsfahrten mit dem Rüdesheimer Winzerexpress führen durch die Weinbergslagen. Haltestelle ist in der Fußgängerzone Oberstraße vor Siegfrieds Musikkabinett. *Tgl. 11–18 Uhr, 4,50 Euro*

Auffahrt mit Aussicht: mit der Kabinenbahn zum Niederwalddenkmal

In der Brömserburg am Rhein residiert heute ein Weinmuseum

MUSEEN

Museum für mittelalterliche Rechtsgeschichte (Foltermuseum)

Historische Sozialgeschichte dokumentiert anschaulich diese Ausstellung zur Entwicklung des europäischen Rechts vom dunkelsten Mittelalter und den Hexenprozessen bis zur Jetztzeit. Chroniken, Dru cke und Radierungen zeigen blutige Folter, die in historischen Kellergewölben auf über 500 m^2 ausgestellten Gerätschaften führen vor Augen, mit welchen Mitteln die »Wahrheit« gesucht wurde. *April–Nov. tgl. 10–18, Jan.–März Sa/So 11–17 Uhr, Oberstr. 49–51, www.Foltermuseum.com, 5 Euro*

Rheingauer Weinmuseum Brömserburg

★ Unmittelbar am Rhein wurde um 1000 auf den Fundamenten eines römischen Forts die Brömserburg gebaut, Sitz des Rüdesheimer Geschlechts der Brömser. Im Gästebuch finden Sie Einträge u. a. von Goethe, Heinrich Heine, den Brüdern Grimm und von Felix Mendelssohn-Bartholdy. Heute befindet sich in der Burg die älteste Sammlung von Objekten zur Weinerzeugung und zum Weingenuss: historische Weinpressen, Weingläser aller bedeutsamen Stilepochen etc. – mehr als 2000 Exponate sind in zwölf Räumen ausgestellt. *März bis Okt. tgl. 9–18 Uhr, 3 Euro, Rheinstr. 2, www.rheingauer-weinmuseum.de*

Siegfrieds Mechanisches Musikkabinett

Datenspeicher-Musikinstrumente aus drei Jahrhunderten: Eine beeindruckende Sammlung selbst spielender Instrumente von der Spieluhr bis zum Konzert-Pianoorchestrion trug Siegfried Wendel zusammen und eröffnete 1969 das erste Fachmuseum dieser Art in Deutschland, untergebracht im historischen Brömserhof. *März–Dez. tgl. 10–18 Uhr, 5,50 Euro, Oberstr. 27–29*

ESSEN & TRINKEN

Bollesje
Erlebnislokal mit Animation und Kerkeratmosphäre im ehemaligen Gefängnis. Den Gästen gefällts, auch das Gefangenenessen mit Löffel statt Besteck. *Tgl., Oberstr. 30, Tel. 06722/475 52, www.bollesje.de,* **€€**

Breuer's Restaurant und Gutsausschank
Edelbistro mit einer auf saisonale Produkte achtenden Speisekarte, auch schmackhafte Schlankheitsküche. *Tgl., Grabenstr. 8, Tel. 06722/10 26,* **€€€**

Eibinger Zehnthof
Über den Dächern von Eibingen und mit Blick auf die andere Rheinseite: In der Atmosphäre des von 1506 stammenden Zehnthofes trinkt man einen Schoppen im spätgotischen Rathauskeller oder im modernen Gutsausschank. Einzigartig ist der Gewölbekeller. Auf den Teller kommen Gerichte der Saison. *Mo geschl., Eibinger Oberstr. 15, Tel. 06722/27 55,* **€**

Weinhaus Fendel
Bekanntes Lokal, in dem Ambiente (schöne, große Terrasse mit Blick ins Rheintal), Angebot (Tagesspezialitäten) und die ausgeschenkten Weine jeden zufrieden stellen. Hier trifft man auch Rheingauer. *Mo und außer Sa/So mittags geschl., Marienthaler Str. 46, Tel. 06722/25 55,* **€**

Lindenwirt
Wenn schon Drosselgasse, dann muss es auch der Lindenwirt sein; die Rüdesheimer Institution, die sich selbst – keineswegs übertreibend – als »Herz der Drosselgasse« sieht, bietet in ihrem Weinrestaurant Platz für 250 Personen. *Tgl., Drosselgasse, Tel. 06722/91 30, www.lindenwirt.com,* **€€**

EINKAUFEN

Asbach
1892 gründete Hugo Asbach das Unternehmen und schuf eine der bekanntesten deutschen Weinbrandmarken. Den in Rüdesheim hergestellten Asbach Uralt sowie mit Asbach veredelte Süßigkeiten kauft man auch vor Ort, heute zudem im modernen Asbach-Besuchercenter mit Multivisionsshow, Destillerie und Verkostung. *Mo–Do*

Spieluhren und mehr: Siegfrieds Mechanisches Musikkabinett

9–18, Fr 9–13, Sa April–Okt. sowie Advent 9–18 Uhr, Ingelheimer Str. 4

Käthe Wohlfahrt
Das ganze Jahr über Weihnachten: Alles dreht sich hier um das größte Fest des Jahres, und wer glaubt, an eine Tanne könne man nur Kugeln hängen, bekommt hier 1001 Inspiration. Daneben gibt es die in Handarbeit hergestellten deutschen Klassiker (Krippenfiguren, Weihnachtspyramiden aus Thüringen, Räuchermännchen, Nussknacker). *Oberstr. 35 und Rheinstr. 16, www.shop.wohlfahrt.com*

ÜBERNACHTEN

Zum Grünen Kranz
Das 1826 gegründete Weingut an der alten Stadtmauer in der Rüdesheimer Altstadt bietet preisgünstige »Romantikarrangements« zu verschiedenen Zeiten im Jahr mit Übernachtung und Viergängemenü. Das Hotel betreibt auch einen Fahrradverleih und organisiert Fahrradtouren. *30 Zi., Oberstr. 42–44, Tel. 06722/483 36, Fax 481 95, www.gruenerkranz.com,* €

Jagdschloss Niederwald
Nicht weit vom Niederwalddenkmal thront im hiesigen Naturpark das 1855–66 erbaute Jagdschloss des Herzogs von Nassau. Ganzjährig bespielbare Tennisplätze und ein Hallenbad mit Panoramablick auf die Natur. *52 Zi., auf dem Niederwald, Tel. 06722/710 60, Fax 710 66 66, www.niederwald.de,* €€€

Insider Tipp **Hotel Lindenwirt**
Etwas beengt, aber urig ist die Übernachtung im echten Weinfass. Rüdesheimer Katzenloch oder Hallgartener Jungfer heißen die Fässer, in die Doppelbetten eingebaut wurden; zwei kleine Fenster sorgen für Tageslicht. Mehr Komfort bieten die normalen Zimmer des Hotels. *90 Zi., Drosselgasse, Tel. 06722/91 30, Fax 475 85, www.lindenwirt.com,* €€

Rüdesheimer Schloss
★ Vom Goethezimmer genießt man einen herrlichen Blick auf Weinberge und Baudenkmäler, die Turmsuite besitzt modernes Interieur und ein Himmelbett. Das Vier-Sterne-»Weinhotel« Rüdesheimer Schloss, 1729 vom Erzbischof zu Mainz erbaut, bietet neben individuell gestalteten Räumen ein stimmungsvolles Gewölberestaurant und einen von hohen Bäumen beschatteten Schlossgarten. *26 Zi., Steingasse 10, Tel. 07622/905 00, Fax 479 60, www.ruedesheimer-schloss.com,* €€–€€€

Hotel Traube-Aumüller
Gepflegte Atmosphäre sichert dem gutbürgerlichen Haus seit jeher ein zufriedenes Stammpublikum; zentrale Lage nahe der Rheinpromenade. *115 Zi., Rheinstr. 6–9, Tel. 06722/91 40, Fax 15 73, www.traube-aumueller.com,* €€

FREIZEIT & SPORT

Köln-Düsseldorfer
14 große Schiffe bedienen unterschiedliche Strecken, besonders schön ist die »Nostalgie-Route« mit dem Schaufelraddampfer von Rüdesheim nach Koblenz (Mai bis Oktober). Mehrmals täglich geht es in der Hauptsaison zur Loreley. *Tickets bei der Agentur Rüdesheim,*

Tel. 06722/38 08, oder im Tourist Center, www.k-d.com

Rheinfähre
Auto- und Personenfähren verkehren zwischen Rüdesheim und Bingen alle 20 Minuten. *Tgl. 6–21 Uhr*

Rhein-Heli-Rundflüge
Das Welterbe aus der Luft: Zu festgelegten Terminen werden Rundflüge über den Rhein veranstaltet. Startplatz ist der Ebentaler Hof. *45–120 Euro/Person, Tel. 06722/25 18, www.rheinheli.de*

AM ABEND

Bis in die frühen Morgenstunden herrscht lebhafter Betrieb in den Kneipen und Weinstuben der Drosselgasse.

Gnoom
Laut, dunkel, voll: Generationen von Schülern und Studenten zog es am Wochenende die Treppen hinunter ins Gnoom. In die Jahre gekommen, aber noch immer in, auch nach drei Jahrzehnten, ist die Diskothek für viele Kult. *Fr/Sa 24 bis 5 Uhr, Rheinstr. 10*

Hajos Bierakademie
Treff für Studenten der Fachhochschule, wechselndes Livemusikprogramm. *Mo–Fr 18–2, Sa/So 14–2 Uhr, Rheinstr. 10, www.hajos.de*

Quetschkommod
Ältere Semester mögen die Livemusik, häufig auch den Siebziger- und Achtzigerjahren gewidmet. Im Sommer tagt man im Biergarten, wenn es kalt wird, im Wintergarten am Kaminofen. *März–Dez. tgl. 12 bis 2 Uhr, Amselstr. 2/Drosselgasse, Tel. 06722/90 08 16, www.quetschkommod.de*

Rüdesheim bei Nacht
Mit der Seilbahn zum Niederwalddenkmal, Sektempfang, Stadtführung in Rüdesheim, Mitternachtssüppchen: Im Tourist-Center gibt es ein Komplettpaket *(16 Euro)* zu ausgewählten Terminen zwischen Mai und September.

AUSKUNFT

Rüdesheim Tourist-Center
Geisenheimer Str. 22, 65385 Rüdesheim, Tel. 06722/194 33, Fax 34 85, www.ruedesheim.de

ZIELE IN DER UMGEBUNG

Assmannshausen **[110 C5]**
In eindrucksvoller Rheinlage 5 km westlich von Rüdesheim: steile Weinberge, dicht bewaldete Höhenzüge, der silberblau glänzende Rhein und die Burg Rheinstein sind die beherrschenden Elemente. Der auf den Verwitterungsböden gedeihende Spätburgunder gehört zu den berühmtesten deutschen Weinen. Weithin bekannt ist das mit Türmchen und Erker geschmückte *Hotelrestaurant Krone (tgl., Rheinuferstr. 10, Tel. 06722/40 30, www.hotel-krone.com, €€€)*, im 19. Jh. Treffpunkt deutscher Dichter. In der behaglichen Atmosphäre eichenholzgetäfelter Zimmer und Stübchen genießt man die vielfach prämierte Küche.

Rheinromantiker unternehmen eine 15-minütige Fahrt mit der *Sesselbahn (tgl. 10–17.30 Uhr)* zum Jagdschloss Niederwald: Die Altstadt von Assmannshausen, das

Sesselbahn zum Schloss Niederwald: grandioser Blick auf Assmannshausen

Rheintal und die gegenüberliegende Burg Rheinstein liegen einem dann zu Füßen.

Burgruine Ehrenfels **[110–111 C–D6]**
Die Ruine thront wenige Kilometer westlich hoch über dem Rhein zwischen Weinbergsteillagen – ein Lieblingsmotiv der Fotografen. Die 1220 vom damaligen Mainzer Erzbischof erbaute Burg war Teil eines Schlosses, das 1689 im Verlauf des 30-jährigen Kriegs niedergebrannt wurde. *1,5 km westlich des Niederwalddenkmals, zu erreichen über einen Fußweg oder über einen von der Oberstr. abzweigenden Weg (ca. 2,5 km)*

Lorch **[110 B3]**
Das zwischen Rüdesheim (15 km) und Kaub gelegene Städtchen (4700 Ew.), durch das die hier in den Rhein mündende Wisper fließt, bietet im Stadtbild zahlreiche lohnende Entdeckungen. Man blickt zurück auf eine knapp 1000-jährige Weinbautradition. Sehenswert ist das 1548 direkt am Rhein erbaute *Hilchenhaus.* Kräftige, den Erker tragende Säulen und dekorative Sandsteinbauteile prägen den bedeutenden Renaissancebau. Die zweischiffige gotische Pfarrkirche *St. Martin* besitzt einen aus 1483 stammenden, kunsthistorisch bedeutenden Hochaltar. Das *Städtische Verkehrsamt (Rathaus, Tel. 06726/18 15, Fax 18 44, www.lorch-rhein.de)* hält Informationsmaterial und Broschüren bereit.

Ein herrlicher Ausflug führt ins Wispertal; unterwegs laden zahlreiche (Rund-)Wanderwege zum Spazierengehen und Cafés und Restaurants zu einer stilvollen Pause ein. Empfehlenswert sind die *Kammerburg (Do geschl., Tel. 06726/94 15, www.kammerburg.de, €€),* eine aus Natursteinen erbaute Villa, und die *Alte Villa (Di, Mi und abends geschl., Tel. 06726/12 62, www.alte-villa.net, €€)*, ein unter dichten Bäumen im Wispertal versteckt gelegenes Café mit angeschlossener Kunstgalerie. Es lohnt sich, die Website zu besuchen, um rechtzeitig über geplante Konzerte und Kurse (u. a. Fotografie) informiert zu sein.

Mäuseturm **[110 C6]**
Die kleine, auf dem Weg nach Assmannshausen etwa auf Höhe der Burgruine Ehrenfels im Rhein gelegene Burg wurde Anfang des 14. Jhs. als Wachturm der Zollburg Ehrenfels errichtet; der Name leitet sich ab von der Bezeichnung für Zoll (Maut). Der Mitte des 19. Jhs. wieder aufgebaute Turm diente den Rheinschiffen lange als Signalstation.

Kloster St. Hildegardis **[111 E5]**
Die Benediktinerinnenabtei oberhalb von Rüdesheim wurde 1904 gegründet. Die historischen Wurzeln des im neoromanischen Stil erbauten Klosters reichen zurück ins 12. Jh., als Hildegard von Bingen hier ein Kloster gründete. Noch heute leben die Schwestern in der Tradition der Heiligen. Die wissenschaftliche Beschäftigung mit dem Leben der Klostergründerin gehört ebenso zu ihren Aufgaben wie die Betreuung der Pilger und Wallfahrer, die auf den Spuren der hl. Hildegard das Kloster besuchen. Zu einem Gastaufenthalt und zu Exerzitien sind Besucher jederzeit willkommen. Nach der Benediktusregel »Dann erst sind sie wahre Mönche, wenn sie von ihrer Hände Arbeit leben« verdienen die Schwestern in klostereigenen Betrieben und Werkstätten ihren Lebensunterhalt und den Erhalt des Klosters. Im eigenen Weingut wird umweltschonender Weinanbau betrieben (Riesling, Spätburgunder, Sekt und Klosterlikör). Im Klosterladen Insider Tipp verkaufen die Schwestern ausgesuchte Literatur, Kalender und Kerzen sowie Dinkelprodukte. *Klosterweg 1, Rüdesheim/Eibingen, Tel. 06722/49 90, www.abtei-st-hildegard.de*

Umwogt von einem Rebenmeer: Kirche und Kloster St. Hildegardis

Bäderkultur im Taunus

Schlamm, Ziegenmilch und Molke: Wo Zaren und Grafen kurten, blüht heute das moderne Wellnessangebot

Kaiserin Elisabeth von Österreich, genannt Sissi, Theodor Fontane und Theodore Roosevelt gehörten zu den prominenten Besuchern der Taunusbäder. Seit vier Jahrhunderten nutzen Kurgäste die heilsamen Quellwasser in waldreicher Umgebung zwischen Rheingau und Taunus. Auf der Bäderstraße passiert man die Kurstädte Wiesbaden, Schlangenbad, Bad Schwalbach und Bad Ems.

Bad Schwalbach

[112 C1] Der größte Schatz des Ortes kommt aus der Erde: kaltes, mit Kohlensäure versetztes Wasser, reich an Eisen, Magnesium und Kalzium. Quellen prägten die Entwicklung des Orts Langenschwalbach zur Kurstadt (8000 Ew.). Mit der Entdeckung des Weinbrunnens und dessen Heilwirkungen begann 1569 der Aufstieg des Taunusstädtchens. Ein paar Jahre später (1581) verfasste der Mediziner Jacob Theodor Tabernaemontanus ein Buch über die heilsamen Wirkungen des Wassers und empfahl, das Wasser des Weinbrunnens zu trinken. »Neuw Wasserschatz« nannte er seine Publikation, die ein Bestseller wurde, obwohl der Arzt darin nicht zimperlich mit den Kurgästen umging: »Denn wenn sie sich des abends säuvoll gesoffen haben und des morgens die Weinmühl im Kopf fühlen, so haben sie die Zuflucht zu diesem Brunnen genommen.«

Umgeben von viel Grün: Die Kurstadt Bad Schwalbach mit der Martin-Luther-Kirche liegt am Taunusrand

Langenschwalbach wurde zu Bad Schwalbach und avancierte zum Modebad für gekrönte und ungekrönte Häupter. 1905 erfolgte, ganz in der Nähe des Kurparks, die Eröffnung des Moorbadehauses. Eine eigens auf einem anderthalb Kilometer langen Schienenweg errichtete Moorbahn transportierte den gesundheitsfördernden Moorschlamm aus den Moorgruben in die Stadtmitte. Erst 1991 wurde sie eingestellt und der Transport auf Lastwagen übertragen. Dank der Aktivitäten des bald darauf gegründeten Bad Schwalbacher Kurbahnvereins ziehen die roten Waggons aber an Sonn- und Feiertagen zur Freude der Passagiere wieder ihre Runde.

Schätze und Kurioses zeigt das Apothekenmuseum von Bad Schwalbach

Von den fünf in Bad Schwalbach ansässigen Kliniken bietet die Montanus-Klinik ein breites physikalisch-therapeutisches Programm für Herz- und Kreislauferkrankungen, während die Tannenwaldklinik sich vor allem psychischen Erkrankungen widmet. »Beauty und Wellness« heißt das Angebot der Stadt, das zahlreiche individuell zusammenstellbare Anwendungen umfasst. Ob Naturmoor- und Algenpackungen, Wassertreten in der Kneippanlage oder Bäder in Ziegenmilch: Bad Schwalbach verlassen die Besucher zumeist gesünder und eine Spur schöner, als sie gekommen sind.

SEHENSWERTES

Alleesaal

Das einstige Hotel de la Promenade war im 19. Jh. das Juwel des glanzvollen Kurorts: Kaiserin Elisabeth von Österreich, die russische Zarin Marie – alle berühmten Kurgäste stiegen hier ab. Heute befindet sich in den restaurierten Gesellschaftsräumen die Kurverwaltung. *Mo–Do 8–12 und 13.45–15.45, Fr 8–13 Uhr, Am Kurpark 1*

Kurhaus

★ Einem italienischen Palazzo ähnelt das zwischen 1873 und 1879 vom Wiesbadener Architekten Philipp Hoffmann im Stil der Renaissance errichtete Bauwerk. Im prunkvollen Rahmen des mit Stuck und Marmor gestalteten Großen Saales und seiner angrenzenden Räume finden heute zahlreiche kulturelle Veranstaltungen statt. *Zugänglich bei Veranstaltungen und im Rahmen einer Stadtführung, Goetheplatz 4*

Kurpark

★ Im Frühling leuchten Osterglocken und Narzissen, im Sommer erfreut das dichte Blätterdach der alten Bäume, im Herbst die farbenfrohe Laubfärbung und die vielen zahmen Eichhörnchen. Wenn es kalt wird, taucht Raureif alles in einen Wintertraum. Der Kurpark ist das ganze Jahr über bezaubernd. Am Eingang des Parks liegt das Stahlbadehaus, ein schönes Bauwerk in strengem klassizistischen Stil. Hier nimmt man die gesundheitsfördernden Kohlensäurebäder. Das Wasser stammt vom Stahlbrunnen (im Landschaftspark gelegen), dessen Wasser – wie der Name bereits andeutet – eine überaus hohe Eisenkonzentration aufweist. Die gepflegten Parkanlagen finden ihre Ergänzung im angrenzenden Landschaftspark.

Martin-Luther-Kirche

Die schlichte, 1492 erbaute Kirche zeigt die Stilelemente der Spätgotik. Sie gilt als ältestes Bauwerk der Stadt. Das Innere beherbergt aufwändige, auf Holz gefertigte Malereien. Die historische Orgel wurde 1846 von der berühmten Orgelbauerfamilie Stumm aus Rhaunen-Sulzbach gebaut. *Adolfstr. 145*

Rotenburger Schlösschen

★ Die große Fachwerkanlage umgibt einen wunderschönen Renaissanceinnenhof, von dem aus die Gestaltung der Wände besonders gut zu sehen ist. 1602–1604 erbaut, diente die Residenz den Landgrafen von Hessen-Rotenburg als Amts- und Sommersitz und beherbergt heute das Amtsgericht (und ist zu dessen Dienstzeiten öffentlich zugänglich). *Mo–Fr 9–12 und 13.30 bis 15.30 Uhr, Am Kurpark 12*

Stadtführungen

Eine gute Gelegenheit, auch das Kurhaus und die Martin-Luther-Kirche kennen zu lernen, sind die Stadtführungen des Heimatkundevereins.

MUSEUM

Kur-Stadt-Apotheken-Museum Insider Tipp

Schatz der liebevoll zusammengetragenen Sammlung ist die rekonstruierte Adlerapotheke mit Verkaufsraum, Labor und Drogenkammer sowie Kuriositäten wie versilberten Tabletten für zahlungskräfti-

MARCO POLO Highlights »Taunus«

★ **Kurpark**
Der Park im Herzen der Kurstadt Bad Schwalbachlädt zu Spaziergängen ein (Seite 78)

★ **Kurhaus**
An feudale Glanzzeiten knüpft das Renaissancekurhaus in Bad Schwalbach an (Seite 78)

★ **Rotenburger Schlösschen**
Sehenswerter Fachwerkbau mit einem Innenhof aus der Renaissance (Seite 79)

★ **Thermalfreibad**
Jeden Tag neu wird das Schwimmbecken in Schlangenbad mit Thermalwasser gefüllt (Seite 85)

ge Kunden. Das Untergeschoss beherbergt neben einer Foto- und Postkartensammlung das Stadtarchiv. *April–Okt. Mi–So 14–18, Nov. bis März Mi, Sa, So 14–18 Uhr, 2 Euro, Pestalozzistr. 16 a*

ESSEN & TRINKEN

Golfhaus
Auch Gäste ohne Handicap können das Café und Restaurant besuchen, denn das nette Fachwerkhaus gehört nicht – wie der Name suggeriert – zu einem Golfplatz, sondern liegt im Kurpark von Bad Schwalbach zwischen Minigolfanlage und Waldsee. *Mo geschl., Kurpark, Tel. 06124/26 67,* **€€**

Café Wagner
Auf einen schnellen Cappuccino oder zum ausgiebigen Brunch am Sonntagvormittag: Seit 125 Jahren werden Besucher hier aufmerksam umsorgt. Bei schönem Wetter werden auch draußen Tische gedeckt. Neben kleineren Gerichten große Auswahl an Patisserien und Kuchen (köstlich die Preiselbeertorte); auch zum Mitnehmen eine gute Adresse. *Abends geschl., Brunnenstr. 41, Tel. 06124/23 39,* **€**

ÜBERNACHTEN

Eden Parc
Das Hotel im Bauhausstil besitzt eine beliebte Beauty-Farm, die spezielle (Wochenend-)Arrangements anbietet. Auch medizinisch indizierte Behandlungen stehen auf dem Programm. Die komfortablen Zimmer (teilweise mit Balkon zum Kurpark) und Suiten (60–100 m²) sind stilvoll, das Ambiente ist freundlich und persönlich. *93 Zi., Goetheplatz 1, Tel. 06124/70 40, Fax 70 46 00, www.eden-parc.de,* **€€€**

Föhrenhof
Eingebettet in dichten Wald liegt das gepflegte Anwesen. Den (Kur-) Gästen stehen behaglich eingerichtete Aufenthalts- und Fernsehräume, zwei Teeküchen und eine große, sonnige Terrasse zur Verfügung. *23 Zi., Martha-von-Opel-Weg 28/ Parkstr. 10 e, Tel. 06124/84 27, Fax 61 82, www.hotel-foehrenhof.de,* **€**

Pension Haus am Weiher
Es muss nicht gleich eine Woche sein, aber mehrere Tage sollte man schon buchen, sonst lohnt sich der Aufwand nicht. Die Ein- und Zweizimmerapartments bestehen aus Wohn- und Schlafzimmer, Küchenecke, Flur und Bad, untergebracht in einem sympathischen älteren Haus in ruhiger, grüner Lage. *7 Zi., Badweg 7, Tel. 06124/82 97, Fax 597 10,* **€**

Kaiserhof
In freundlichem Sonnengelb strahlt das gegenüber dem Kurhaus gelegene Hotel mit beliebtem Restaurant und einer Weinstube. Die vielen Stammgäste schätzen auch die Sonnenterrasse und die regional ausgerichtete Küche. *30 Zi., Goetheplatz 5–7, Tel. 06124/40 61, Fax 28 50, www.hotel-restaurant-kaiserhof.de,* **€€**

Villa Helenenhof Insider Tipp
»Schöner wohnen« in einer Jugendstilvilla am Kurpark. Rote Ledersofas, Schränke aus Birma und Batiken aus Thailand, Masken und Designerwaschtische in den Badezim-

mern. Für Gruppen ab zehn Personen sind japanische Teezeremonien, Sushipartys und exotische Kochkurse buchbar. *10 Zi., Parkstr. 9, Tel. 06124/40 45, Fax 40 56, www.villa-helenenhof.de,* €€–€€€

KUREN & WELLNESS

Honigmassagen zur »Harmonisierung der Aura«, Reinigungsbehandlungen bei unreiner Haut, Cellulitebehandlung mit Schlick oder ein Ganzkörperpeeling mit Meersalz und Sahne, Moorbäder und -packungen: ein reichhaltiges Angebot. Dienstags und donnerstags spart man bis zu einem Drittel der regulären Preise. *Staatsbad Bad Schwalbach, Tel. 06124/50 24 28, Fax 06124/50 24 64*

AM ABEND

Der Veranstaltungskalender des Kurhauses ist reich bestückt. Auf dem Programm stehen Klavierkonzerte, Komödien, Musik- und Tanzshows. *Termine unter www.bad-schwalbach.de, Kartenbestellung und -vorverkauf Tel. 06124/50 20*

AUSKUNFT

Staatsbad Bad Schwalbach
Am Kurpark 1, 65307 Bad Schwalbach, Tel. 06124/50 24 28, Fax 50 24 64, www.bad-schwalbach.de

ZIEL IN DER UMGEBUNG

Ramschied **[112 C1]**
5 km westlich im idyllischen Wispertal liegt inmitten des Naturparks Rhein-Taunus das beschauliche Dörfchen. Zahlreiche Wanderwege führen am Fluss entlang und durch die Wälder, vorbei an Aussichtspunkten und weiteren kleinen Dörfern. Wer das heilsame Mittelgebirgsklima länger genießen möchte, quartiert sich ein im rustikalen *Gasthof Zum Wispertal (7 Zi., Wisperstr. 1,*

Wellness im Taunus

Eine Kur in Schlangenbad macht gesünder und schöner

Das berühmte Quellwasser verspricht Linderung bei Hautkrankheiten, Rheuma sowie Kreislaufbeschwerden. In Schlangenbad eintreffende Kurgäste melden sich bei einem niedergelassenen Badearzt. Dieser stellt einen Kurplan auf und trägt die empfohlenen Anwendungen in eine Verordnungskarte ein. Anschließend begibt man sich zu den Kassenschaltern der Kurverwaltung, die über die zeitliche Abfolge der Behandlungen informiert. Diese erfolgen überwiegend in den Abteilungen für physikalische Therapie der Medizinischen Klinik. Neben unterschiedlichen Massagen stehen elektrotherapeutische, hydrotherapeutische und heilgymnastische Anwendungen auf dem Plan. *www.schlangenbad.de/kuren*

Tel. 06124/13 24, Fax 601 41, www.zum-wispertal.de, €). Das angeschlossene Restaurant serviert geräucherte Wisperforelle und im Herbst köstliche Wildgerichte.

SCHLANGENBAD

[113 D2–3] Das hessische Staatsbad (1000 Ew.) liegt idyllisch im engen Tal der Walluf. Das Kurbad zieht seit mehr als drei Jahrhunderten Erholung suchende Gäste an, die die gepflegte und provinzielle Atmosphäre schätzen. Nachdem Schlangenbad 1693 als Staatsbad anerkannt war, entstand wenige Jahre später das erste Badehaus, vermutlich gespeist mit dem Wasser der so genannten Römerquelle, die heute allerdings nicht mehr zugänglich ist. Zwei mit zahlreichen prunkvollen Gebäuden bestandene Straßen und das Kurhotel bilden heute den Mittelpunkt. Entlang der Rheingauer Straße liegen Hotels und Pensionen für Kurgäste. Glanzpunkt der Schlangenbader Hotellerie und gesellschaftliches Zentrum des Orts ist das im Kurpark thronende Parkhotel. Im Sommer trifft man sich zu einem der vielen Freiluftkonzerte wie zum Tanzen oder bummelt durch den Park. Ausgedehnte Wanderwege führen durch die Taunuswälder. Hervorragende Erfolge bei der Behandlung rheumatischer Erkrankungen hat man im modernen Zentrum für Rheumatologie, das deutschlandweit gerühmt wird. Wenig ansprechend ist leider der in den Siebzigerjahren errichtete Betonkasten der neuen Klinik. Hauptakteur bei vielen Behandlungen ist das Quellwasser: In Schlangenbad sprudelt es – höchst selten – warm (22–31 Grad) und »ohne alles« aus der Erde, nämlich ohne Härtegrade, ohne Mineralien, ohne gelöste Salze.

MUSEUM

Wambacher Mühlenmuseum Insider Tipp

Das 2004 eröffnete »erste deutsche Mühlen- und Schleifsteinmuseum« neben dem Hotelrestaurant Wambacher Mühle stellt 450 Exponate aus, darunter Dutzende von historischen Schleifsteinen. Es informiert über Bau und Funktionsweise der Mühlen und zeigt Arbeitsstätten alter Handwerkskunst (u. a. eine Schmiede und eine Schusterwerkstatt). *Tgl. 7–20 Uhr, Eintritt frei, Bäderstr. (B 260), Wambach, www.wambacher-muehle.de*

ESSEN & TRINKEN

Café Walz

Seit 1892: Die Trüffelspezialitäten des Konditormeisters Peter Walz locken die Kundschaft auch aus den umliegenden Dörfern ins Café. Kurgäste nehmen gerne draußen Platz, genießen die beschauliche Lage des Hauses und die angebotenen Kuchen, Torten und Patisserien. *Tgl. 10–18 Uhr, Mühlstr. 16*

Felsenburg

Das bei Kurgästen beliebteste Café: Seit 1871 werden hier täglich Kuchen und feine Patisserien gebacken, dazu serviert man Kaffee-, Tee- und Eisspezialitäten, bei gutem Wetter auch im Freien. *Mo–Fr 14 bis 18, Sa/So 12–18 Uhr, Mühlstr. 15*

Matzenmühle

Keine Experimente: In der Matzenmühle, dem gut 10 km westlich allein vor dem Wald liegenden, 300

Mit Kursaal und eigenem Theater: Parkhotel Schlangenbad im Kurpark

Jahre alten Fachwerkhaus, gibt es bürgerliche deutsche Küche. Das Stammpublikum und viele Ausflügler schätzen die Grillabende, das täglich wechselnde Stammessen, die am letzten Samstag im Monat geräucherten Forellen. Zur Kaffeezeit gibt es frisch gebackene Blechkuchen. *Di geschl., Schlangenbad-Niedergladbach, Tel. 06124/92 73, www.matzenmuehle.de,* €

Park-Café

Das große Park-Café im Kurgarten ist nicht zu übersehen – zu den 350 Sitzplätzen im Inneren kommen etwa 200 Außenplätze. Hier trifft man sich zum Sehen und Gesehenwerden. Beliebt sind das sonntägliche Frühstücksbuffet und die regelmäßigen Tanzteeveranstaltungen *(Mi, Sa, So 15.30–17.30 Uhr). Abends geschl., In den Kolonnaden, Tel. 06129/51 27 29*

Schlangenkeller

Fleisch- und Fischgerichte nach gutbürgerlicher Tradition genießt man in der großen Gaststube. An der Bar der Pilsstube werden lokale Biere gezapft, und auf der Terrasse vor dem Restaurant serviert man kleine Gerichte. *Tgl., Rheingauer Str. 39, Tel. 06129/21 35,* €€

EINKAUFEN

Schlangenapotheke

In der Apotheke von Tanja Sinzig wird die in der Region bekannte, wegen ihrer Heilerfolge bei Hautleiden berühmte Schlangenbader Hautcreme hergestellt. *Rheingauer Str. 27*

ÜBERNACHTEN

Gästehaus Elisabeth

Jährlich wiederkehrende Kurgäste schätzen die gepflegte Atmosphäre

Ob Hitze oder Hagel, Sonne oder Schnee: Im Thermalbad hat das Wasser 27°

der kleinen Pension. Auch Ferienapartments stehen zur Verfügung. Wer Vollpension bucht, wird in einem nahe gelegenen Gasthaus verköstigt. *6 Zi., Rheingauer Str. 30, Tel. 06129/26 20, Fax 80 09, €*

Grüner Wald

In günstiger Kurlage gegenüber dem Thermalhallenbad, mit Liegewiese, Sauna und Solarium. Im Restaurant *Bräustübl* serviert man auf Wunsch Halb- oder Vollpension (auch Diätküche) auf der Terrasse und im Biergarten. Für Familien stehen oberhalb des Hauses in ruhiger Lage im angeschlossenen Gästehaus Schmidt Zweizimmerapartments mit Küche zur Verfügung. *12 Zi., Rheingauer Str. 33, Tel. 06129/20 61, Fax 20 92, €*

Haus Hainburg

Das aus Bruchsteinen im Stil einer neugotischen Villa errichtete Haus liegt inmitten eines Parks oberhalb des Kurhauses am Waldrand. Zu den Ein- und Zweizimmerapartments gehört eine gut ausgestattete Küche. Lauschige Plätze im Garten, für Kinder sind Tischtennis und der Spielplatz gedacht. Am Haus führen mehrere schöne Spazier- und Wanderwege vorbei. *5 Apartments, Omsstr. 2, Tel. 06129/505 00, Fax 50 50 50, €*

Parkhotel Schlangenbad

Im Stil eines Grandhotels präsentiert sich das mitten im Kurpark gelegene, traditionsreiche Viersternehaus. Repräsentative, mit Blumen geschmückte Fassade, elegant ausgestattetes Restaurant *Les Thermes*, Cocktailbar sowie Bier- und Weinstube, Wellnessbereich mit Sauna. Theateraufführungen im eleganten Kursaal des Hotels, Kleinkunstveranstaltungen im eigenen *TiP-Theater.* Die Bäderabteilung des benachbarten Klinikums ist über einen unterirdischen Zugang zu erreichen. *88 Zi., Rheingauer Str. 47, Tel. 06129/420, Fax 414 20, www.parkhotel.net, €€€*

Russischer Hof
Großes, familiär geführtes Gästehaus in zentraler Lage gegenüber den Badeeinrichtungen. Reichhaltiges Frühstücksbuffet und nachmittags hausgebackene Kuchen in den Gasträumen erfreuen die Gäste. Eigener Parkplatz. *21 Zi., Rheingauer Str. 37, Tel. 06129/506 70, Fax 40 76, www.russischer-hof.de, €€*

Schlangenbader Hof
Ideal für ein jüngeres Publikum: Modernes, auf Erholung und Wellness spezialisiertes »VitalOtel«. Der Wellnessbereich bietet Sauna, Odarium (Duftinhalationsraum), Solarium, Aromadampfbad, Whirlpools, »Erlebnisdusche« und Fitnessbereich. *51 Zi., Rheingauer Str. 7, Tel. 06129/50 10, Fax 50 11 11, www.schlangenbaderhof.de, €€*

FREIZEIT & SPORT

Day Spa & Beauty
Ayurvedische Gesichts- und Kopfmassagen und Hot-Stone-Rückenmassagen stehen ebenso auf dem Programm wie Body Peelings und »Men's Short Break«: Ganzheitliche Erholung und Entspannung mit fernöstlicher Regenerationstherapie stehen im Vordergrund. *Reservierung ratsam, im Parkhotel Schlangenbad, Rheingauer Str. 47, Tel. 06129/420*

Ina
»Schönheit von Kopf bis Fuß« lautet die Devise. Neben kosmetischen Gesichts-und Körperbehandlungen werden auch »Schönheitswochen« angeboten, bei denen täglich neuen Problemzonen zu Leibe gerückt wird. *Mühlstr. 12, Tel. 06129/25 67*

Tennis
Die Tennisplätze am Westrand des Orts stehen Besuchern offen. *Mai bis Okt. tgl. (Trainer nur Mo–Fr) 8 bis 20 Uhr, Nassauer Allee, Anmeldung Tel. 06129/22 10*

Thermalfreibad
★ Umgeben von alten Bäumen und weiten Grünflächen: 27 Grad warm und täglich frisch läuft das Thermalwasser ins Becken des Freibades, das bereits 1928 eröffnet wurde. Der säulengeschmückte Eingang erinnert an die damalige Epoche. Massageeinrichtungen erfreuen Erwachsene, für Kinder gibt es ein eigenes Becken. Und das Beste: Dank der neuen, 2005 fertig gestellten Saunalandschaft ist Ganzjahresbetrieb gewährleistet. *Tgl. 8 bis 20 Uhr, 5 Euro, Adelheidtal*

AM ABEND

Regelmäßig Tanzveranstaltungen, Kleinkunstabende sowie Kammermusik- und Theateraufführungen. Zu den schönsten Spielorten gehört der prächtig restaurierte Kursaal des historischen Parkhotels *(Theater im Parkhotel (TiP), Rheingauer Str. 47, Tel. 06129/420, Kartenhotline 06146/70 85, Eintritt 16 Euro inkl. 1 Glas Sekt).*

AUSKUNFT

Staatsbad Schlangenbad
Rheingauer Str. 18, 65388 Schlangenbad, Tel. 06129/48 57, Fax 48 54, www.schlangenbad.de

Über Hügel und Täler mit Blick auf den Rhein

Die Touren sind in der Karte auf dem hinteren Umschlag und im Reiseatlas ab Seite 110 grün markiert

1 RHEINGAUER RIESLING-RADWANDERWEG

Der 25 km lange Riesling-Radweg von Walluf nach Rüdesheim verbindet seit den Siebzigerjahren die bekannten Weinlagen des Rheingaus. Eine ein- oder zweitägige Tour führt von Niederwalluf über Eltville, Kiedrich, Kloster Eberbach, Hallgarten, Oestrich-Winkel, Johannisberg und Geisenheim nach Rüdesheim. Der Weg ist leicht befahrbar, bei Regen wird er jedoch an manchen Stellen schlammig, an anderen steinig.

Von Wiesbaden oder seinen Vororten Biebrich und Schierstein gelangt man auch mit der Regionalbahn (mit Fahrradtransport) nach *Niederwalluf (S. 46)*. Dort beginnt die Beschilderung am Rheinufer vor dem Rathaus. Bevor Sie starten, besteht die Gelegenheit, sich in einem der umliegenden Cafés mit Blick auf den Fluss zu stärken. Zu einem Picknick laden auch die aufgestellten Bänke ein. Zwischen Mai und Oktober kann man hier zudem beobachten, wie die Mitglieder des Rheingauer Segelclubs ihre Boote zu Wasser lassen und ihre Manöver auf dem Rhein üben.

Assmannshausen ist ein geeigneter Pausenort auf der Riesling-Route

Auf dem Leinpfad, teilweise Rheinuferpromenade, teilweise Rad- und Fußweg, führt der Weg zunächst nach Eltville. Auf der rechten Seite ist das Ufer steil, hier liegen die Parks und Gärten herrschaftlicher Häuser sowie bereits die ersten Weinparzellen. Nachdem Sie die Anlegestelle der Rheinschiffe passiert haben, ist der Platz von Montrichard in *Eltville (S. 39)* erreicht. Nun genießt man die schöne Rheinpromenade und nutzt die Gelegenheit zu einer Erfrischung.

Anschließend geht es durch die Martinsgasse und die Marktstraße mit einigen der schönsten Häuser der Stadt und durch eine Fußgängerzone zur Landstraße nach Kiedrich. In der Ferne sieht man die Burgruine Scharfenstein aus dem 13. Jh. in die Höhe ragen. Die Straße überquert die B 42 und steigt dann 2 km leicht an, bis *Kiedrich (S. 49)* erreicht ist.

Hier fahren Sie am besten nicht – wie vorgesehen – geradeaus weiter Richtung Kloster Eberbach, sondern zweigen rechts ab in den Ort und fahren hinauf zum Marktplatz. Dort lohnen das hübsche Rathaus und die Kirche St. Valentinus einen Besuch. Eine Rast bietet sich auf dem Platz vor dem Gasthaus zum Engel an.

Dann verlassen Sie Kiedrich am westlichen Ortsausgang, passieren zunächst die Keramikwerkstatt von Martina Hesse und dann das psychiatrische Krankenhaus Eichberg, das sich über einen langen Hügel mit Blick auf das Rheintal erstreckt. Nach 2 km tauchen in einer engen Kurve zwei Einfahrten zum Kloster Eberbach auf; nimmt man die zweite, gelangt man direkt zum Garten der Klosterschänke.

Nach Besichtigung des Klosters geht es, vorbei an der Domäne Steinberg, wo sich meist ein Wein probieren lässt, hinab Richtung Hattenheim. Doch schon nach 500 m zweigt rechts ein geteerter Weg ab zur Domäne Neuhof, einem Ensemble höchst stilvoller historischer Gebäude, die heute einen privaten Pferdestall beherbergen. Werfen Sie einen Blick hinein, und schauen Sie sich Barney an, das Therapiereitpony der nahe gelegenen psychiatrischen Kinderklinik Rheinhöhe.

Der Radweg führt nun an der alten Steinmauer der Domäne und durch Hattenheimer Weinlagen am Südrand von Hallgarten entlang. Zum Ort gehört die schöne Siedlung Am Rebhang. Dort kann, wer will, im Hotel *Zum Rebhang (14 Zi., Rebhangstr. 53, Tel. 06723/21 66, Fax 18 13, www.hotel-zum-rebhang.de, €€)* übernachten.

Von Hallgarten geht es durch diverse Weinlagen nach *Oestrich-Winkel (S. 55)*. Dort bietet sich die Besichtigung der St.-Ägidius-Basilika an. Der Radweg führt dann südlich von *Johannisberg* – man sieht das *Schloss (S. 66)* in der Höhe liegen – durch Weinberge und am Nordrand von *Geisenheim (S. 61)* entlang nach *Rüdesheim (S. 68)*. Dort können Sie samt Fahrrad in die Regionalbahn zurück nach Wiesbaden steigen.

2 UNTERWEGS IM MITTELRHEINTAL

Seit 2002 gehören die 65 Flusskilometer von Rüdesheim bis Koblenz, das obere Mittelrheintal, zu den gut 600 Einträgen, die die Unesco auf ihrer Liste des »Erbes der Menschheit« verzeichnet. Wer in der Region unterwegs ist, sollte nicht versäumen, auch den Rheinwindungen zu folgen, die nördlich von Lorch – hier endet der Rheingau – liegen. In den einzelnen Burgen am Rhein und im Tourist-Center von Rüdesheim erhält man ein Burgenticket (14 Euro), das in insgesamt zehn Burgen Eintritt gewährt.

Nachdem Sie *Lorch (S. 74)* und den Stadtteil Lorchhausen passiert haben, befinden Sie sich im Bundesland Rheinland-Pfalz. Wenn bei Kaub die mächtige Burg *Pfalz im Rhein* (auch *Pfalzgrafenstein* genannt) in den Blickwinkel rückt, nähern Sie sich einem der schönsten Abschnitte des Flusstals. Einem weißen Ausflugsdampfer nicht ganz unähnlich, thront das Bauwerk in-

Das Graue Haus in Oestrich-Winkel – mutmaßlich aus dem 11. Jh. – gilt als das älteste Steinhaus in Deutschland

mitten des Flusses auf einer winzigen Felseninsel, genannt Falkenau. Die berühmte Pfalz im Rhein, auf ungezählten Kupferstichen vergangener Jahrhunderte verewigt, wurde Anfang des 14. Jhs. als Zollturm errichtet, der an sechs Seiten durch eine rund 12 m hohe Mauer mit umlaufendem Wehrgang und kleinen Rundtürmen an den Ecken befestigt wurde. Das heutige Aussehen stammt aus späteren Jahrhunderten; so entstand z. B. die barocke Turmhaube im 18. Jh. Das Dörfchen *Kaub* erhielt seinen Namen nach der Burg, die hoch über den Häusern zwischen den terrassierten Weinbergen thront. Seit dem 16. Jh. hat sich für die wehrhafte Anlage der Name Gutenfels eingebürgert. Heute wird in dem Bauwerk ein Hotel betrieben.

Gegenüber von Kaub liegt wenige Kilometer flussabwärts die *Ruine Schönburg* bei Oberwesel. »Ich weiß nicht, was soll es bedeuten, dass ich so traurig bin, ein Märchen aus uralten Zeiten, das kommt mir nicht aus dem Sinn«: Auf der rechten Rheinseite folgt bald der Felsen der *Loreley,* in vielen Sagen erwähnt, von Heinrich Heine in eine Ballade gefasst, die später auch zu einem Volkslied wurde. 130 m ragt das Gestein über den Rhein, der sich an dieser Stelle stark verengt.

Es folgen *St. Goarshausen* und die hoch gelegene *Burg Katz,* 1371 von Graf Johann von Katzenelnbogen erbaut. Gegenüber erblickt man St. Goar und die Ruine Rheinfels. Weiter geht es zur *Burg Maus* aus dem 14. Jh. und kurz darauf in das Dörfchen *Kestert.* Es folgen die hoch oben thronenden Burgen *Sterrenberg* und *Liebenstein.* Die Bundesstraße führt weiter nach Kamp-Bornhofen und Filsen, wo der

Rhein für wenige Kilometer eine starke Biegung nach Osten macht. Ein weiterer Höhepunkt der Tour ist in *Braubach* erreicht. Die dortige *Marksburg* ist eine auf das frühe 13. Jh. zurückgehende Anlage. Eine Besichtigung ist auch für Familien mit kleineren Kindern interessant, da die Marksburg umfassend restauriert wurde und man überall sicher gehen kann. **Insider Tipp**

In *Lahnstein,* hervorgegangen aus den beiden nördlich und südlich der Lahn liegenden Orten Nieder- und Oberlahnstein, liegt die als Wasserburg im Tal geplante *Martinsburg,* zu erkennen an ihrem dominanten, fast 30 m hohen Hauptturm an der Südseite der Anlage. Hoch oben über dem Lahntal thront *Lahneck,* um 1240 zur Sicherung eines Silberbergwerks angelegt. Diverse Restaurierungen im Lauf der Jahrhunderte veränderten das Aussehen der Burg, deren reiche kunsthistorische Kollektionen eine Besichtigung lohnen.

Schließlich erreichen Sie *Koblenz.* Hier, an der Moselmündung, ist die mächtige Verteidigungsanlage *Ehrenbreitstein* ein weiterer kunsthistorischer Höhepunkt der Tour. Untergebracht sind in dem eindrucksvollen Bauwerk auch mehrere Museen sowie ein Café.

3 AUF DER RHEINGAUER RIESLING-ROUTE

Diese Autorundtour von Wiesbaden-Biebrich aus ist recht gut beschildert und führt abseits der viel befahrenen B 42 nicht nur durch die Rieslingweinlagen, sondern im Zickzackkurs auch zu den kleinen Weinorten und den archi-

tektonischen, kulturellen und landschaftlichen Höhepunkten des Rheingaus. Wenn man sich nirgends zu lange aufhält, kann man die gesamten 60–70 km durchaus an einem Tag bewältigen. Zu empfehlen ist es aber, sich mehr Zeit zu nehmen und mindestens eine Übernachtung einzuplanen.

Startet man im Wiesbadener Stadtteil *Biebrich (S. 29)* am Rhein, dann fährt man auf der B 42 zunächst nach Schierstein und weiter nach *Niederwalluf (S. 46)* und biegt danach von der Strecke nach Eltville rechts ab und fährt durch Oberwalluf zur Bäderstraße B 260. Diese führt zunächst nach *Martinsthal (S. 46)*. Entlang der Haupt- und der Kirchstraße liegen die 1429 errichtete Kirche sowie zahlreiche historische Fachwerkhäuser. Zu den bemerkenswerten Exemplaren gehört das Hotel und *Weinhaus Zur Krone (Hauptstr. 27)*, das unübersehbar an der Straßenkreuzung thront. Das Obergeschoss trägt üppiges Sichtfachwerk und weist zur Giebelseite hin einen Erker auf.

Ein Abstecher (3 km) schlängelt sich von Martinsthal über Serpentinen hinauf nach *Rauenthal (S. 46)*. In angenehmer Höhen- und deshalb auch Aussichtslage gibt es weniger Besucher, jedoch nicht minder viel zu sehen. Im Ortskern befinden sich mehrere prächtig restaurierte Fachwerkhäuser. Schmuckstück ist der *Antoniushof*, ein 300-jähriges Fachwerkhaus und in der zehnten Generation Stammsitz der Winzerfamilie Rußler. Gäste ihres *Gutsausschankes (Mi–Sa ab 15.30, So ab 12 Uhr, Antoniusgasse 11, Tel. 06123/716 08, €€)* kommen in den Genuss prämierter Riesling- und im Eichenholzfass ausgebauter Burgunderweine. Die Sitzplätze im schönen Garten sind stets gut besetzt, denn der Antoniushof gehört zu den beliebtesten Adressen der Umgebung. Anschließend verläuft eine kurze Strecke abwärts nach *Eltville (S. 39)*, dessen Zentrum und Rheinpromenade einen ausgedehnten Spaziergang wert sind.

Von Eltville geht es hinauf nach *Kiedrich (S. 49)*, wo Sie das Rathaus und die Valentinuskirche im Zentrum erblicken. Am anderen Ende des Orts führt die Straße zum *Kloster Eberbach (S. 53)*, das eine ausführliche Besichtigung verdient. Eine Pause empfiehlt sich anschließend im Garten der Klosterschänke – es sei denn, Sie wollen im nächsten Ort *Hattenheim (S. 47)* in Franz Kellers *Adlerwirtschaft* das Tagesmenü genießen.

Hattenheim verlassen Sie westwärts zum *Schloss Reichartshausen* und fahren hinauf nach *Hallgarten (S. 59)* und weiter zur *Hallgartener Zange (S. 59)*. Dann geht es wieder hinunter und auf schmaler Durchgangsstraße durch die Orte *Oestrich (S. 55)*, *Mittelheim* und *Winkel (S. 55)*, die am Rhein liegen.

Anschließend führt die Route von Winkel hinauf nach *Johannisberg (S. 65)*. Wieder hinunter nach *Geisenheim (S. 61)* und weiter nach *Rüdesheim (S. 68)*, lässt sich von dort das *Niederwalddenkmal (S. 69)* auch mit dem Auto erreichen. Oben kann man vom Denkmal einen Ausflug per Kabinenbahn nach Rüdesheim oder etwas weiter mit der Sesselbahn nach *Assmannshausen (S. 73)* unternehmen. Die Straße der Riesling-Route führt über Aulhausen nach Assmannshausen am Rhein und an dessen Ufer weiter nach *Lorch (S. 74)*.

Im, am oder auf dem Wasser

Zum Mountainbiken, Segeln und Inlineskaten lädt der Rheingau ebenso ein wie zu einer klassischen Dampferfahrt auf dem Rhein

Mit seiner vielseitigen Landschaft lädt der Rheingau vom zeitigen Frühjahr bis in den späten Herbst zu zahlreichen sportlichen Betätigungen im Freien ein. Hotspot der Aktivitäten ist für viele der Rhein. Entlang dem historischen Leinpfad lässt es sich vortrefflich wandern, laufen, walken und Fahrrad fahren. An windigeren Tagen freuen sich Windsurfer und Segler über den Wellengang. Wer gut zu Fuß ist, für den bietet die Region zahlreiche, gut ausgeschilderte Wanderwege durch die herrlichen Wälder des Taunus. Und in Wiesbaden kann man das große städtische Sportangebot nutzen, zu dem auch Reiten und Golfen gehören.

INLINESKATEN

Im August findet jedes Jahr mit Insider Tipp *Rhine on Skates (www.rhine-on-skates.de)* Deutschlands längste Inlinertour statt, die auf 135 km von Rüdesheim über Koblenz nach Bingen führt. An mehreren Wochenenden zwischen Mai und August werden in Wiesbaden *Skate-Nights* veranstaltet, zu denen Hunderte von Skatern zusammenkommen, um ungestört von Autos durch die Innenstadt zu gleiten. Im Rheingau führt eine beliebte Skaterstrecke entlang einem asphaltierten Radweg parallel zur Landstraße vom Eltviller Ortsausgang nach Niederwalluf. Dort wendet man sich nach rechts zum Rheindamm, wo man am Vogelschutzgebiet entlang und vorbei an Storchennestern Richtung Schiersteiner Hafen fährt. »Die schönsten Inlinerrouten rund um Wiesbaden und Mainz« heißt ein von Hubert Endt und Wilfried Igstadt verfasster Tourenguide – eine Fundgrube nicht nur für Skater, sondern auch für Radwanderer.

Schöne Radwanderwege verbinden die Winzerorte des Rheingaus

MOTORRADFAHREN

Auf dem Motorrad den Windungen des Rheins folgen, vorbei an Weinbergen und Burgen: Von Rüdesheim aus bietet *Loreley-Bike-Travel (St.-Urban-Str. 17, 65385 Rüdesheim, Tel. 06722/97 23 11, www.loreley-bike-travel.de)* Touren auf eigenen oder gemieteten Fahrzeugen durch das obere Mittelrheintal an. Ebenfalls beliebt ist die Strecke durch das Wispertal nach Lorch. Insider Tipp

MOUNTAINBIKEN

Der hügelige Rheingau mit seinen vielen Waldwegen und schmalen Pisten zwischen den Weinlagen ist ein ideales Revier für Mountainbiker. Der Rheingauer Mountainbikeclub *Red Pulse (Jacobstr. 5, 65375 Oestrich-Winkel, Tel. 06723/16 67, www.redpulse.de)* organisiert zahlreiche Events. Dazu zählt z. B. der jedes Jahr im Juni stattfindende *Rheingauer Mountainbike Marathon* über 60 km und mit 1500 Höhenmetern, die größte Bikerschlacht im Rhein-Main-Gebiet.

NORDIC WALKING

Freunde des Trendsports Nordic Walking können auf dem neu angelegten *Nature Fitness Parc* im Nesselbachtal beim Kurpark von Bad Schwalbach ihrem Hobby nachgehen. Professionell vermessene und ausgeschilderte Rundstrecken mit unterschiedlichen Schwierigkeitsgraden stehen zur Verfügung.

RADFAHREN

Das hügelige Rheingauer Hinterland zieht vorwiegend sportliche und jüngere Radfahrer an. Eine Tour auf dem historischen Leinpfad am Rhein entlang ist dagegen weniger anstrengend und erlaubt hin und wieder eine »Wettfahrt« mit einem Lastkahn auf dem Rhein. Mit der Regionalbahn gelangt man zum Bahnhof Wiesbaden-Schierstein am Rhein und radelt über Walluf am Fluss entlang nach Eltville (8 km). Bereits dort kann man mit dem Zug nach Wiesbaden zurückkehren. Aber auch die folgenden Orte am Rheingauer Rheinufer, nämlich Hattenheim, Geisenheim, Rüdesheim, Assmannshausen und Lorch, besitzen einen Bahnhof für die Rückfahrt mit dem Zug. Kartenmaterial gibt es in den Touristeninformationen, Fahrräder z. B. bei *Radkranz Rent a Bike (Oberstraße 42–44, Tel. 06722/483 36, www.rad-kranz.de)* in Rüdesheim. Ein Must für Radfahrer ist die Großveranstaltung *Tal Total (www.taltotal.de)* am letzten Wochenende im Juni: Dann wird auf beiden Seiten des Rheins die Bundesstraße von Rüdesheim bzw. Bingen bis Koblenz für Autofahrer gesperrt. Eine einzigartige Gelegenheit für Radfahrer (und Inlineskater), das obere Mittelrheintal kennen zu lernen!

REITEN

Von mehreren im Rheingau und in Wiesbaden ansässigen Reitvereinen ist das *Hofgut Adamstal (B 54, 65195 Wiesbaden, Tel. 0611/52 54 58)* am ehesten für Besucher geeignet und zugänglich.

SCHIFFSFAHRTEN

In fast allen Rheingauer Uferorten gibt es einen Anleger oder einen kleinen Hafen, so in Assmannshausen, Rüdesheim, Geisenheim, Oestrich-Winkel und Eltville. Dort werden von Ostern bis September für 3–15 Euro Schiffsrundfahrten von ein bis drei Stunden Dauer angeboten, die sich von Wiesbaden über die Rheinburgen zur Loreley und bis nach Koblenz erstrecken. *Bingen-Rüdesheimer Fahrgastschifffahrt, Rheinkai 10, 55411 Bingen, Tel. 06721/141 40, www.bingen-ruedesheimer.com; Fahrgastschifffahrt van de Lücht, Hauptstr. 138,*

Den Binger Mäuseturm passieren Sie bei einer Schiffsfahrt auf dem Rhein

65375 Oestrich-Winkel, Tel. 06723/ 44 37, www.charterliner.de; Köln-Düsseldorfer Schiffahrt, Tel. 06722/ 38 08, www.k-d.com

SEGELN

Der Rhein ist ein anspruchsvolles Segelrevier: Die relativ starke Strömung und der mitunter dichte Schiffsverkehr fordern stetige Aufmerksamkeit. Wer hier sein Boot beherrscht, kann überall segeln. Vom in Walluf beheimateten *Segelclub Rheingau (SCR, Rheinufer, 65392 Walluf, Tel. 06123/99 05 05, Fax 99 05 04, www.segelclub-rheingau.de)* und vom *Rüdesheimer Yachtclub (RYC, Hauptstr. 124, 65385 Rüdesheim, Tel./Fax 06722/29 81, www.rued-yc.de)* werden jährlich mehrere Regatten organisiert. Segelboote mieten kann man im Schiersteiner Hafen beim *Wassersportverein Schierstein (Christian-Bücher-Str. 16, 65201 Wiesbaden, Tel. 0611/243 07, www.wvschierstein.de).*

WANDERN

Mehrere Wanderwege durchziehen den Rheingau. Ambitionierte Wanderer können sich auf den *Rheinhöhenweg*, den *Hessenweg HW 7* oder den *Rheingauer Rieslingpfad* begeben. Die gute infrastrukturelle Erschließung ermöglicht es auch, kleinere Tagesetappen zurückzulegen. Unterwegs sorgen Aussichtsplätze und zahlreiche Sehenswürdigkeiten für Abwechslung.

WINDSURFEN

Treffpunkt für Surfer ist das Rheinufer zwischen Hattenheim und Oestrich. An windigen Tagen sieht man hier stets mehrere Sportler ihre Bretter aufbauen.

Ponyland
Rundfahrten

Ein Füllhorn an Möglichkeiten

Ob als Burgfräulein oder Rheinschiffer – die Region bietet Erlebnisse, die Phantasie und Intellekt der Kinder gleichermaßen anregen

Burgen und Schlösser, eine Schiffstour auf dem Rhein, Ponyhof und Adlerwarte, auf den Spuren der Römer in Wiesbaden, ein Museum als »Erfahrungsfeld der Sinne«, ein Erlebnispark mit Wildwasser- und Achterbahn – Wiesbaden und der Rheingau bieten 1001 Möglichkeit für Kinder und Jugendliche. Neben der Teilnahme an organisierten Programmen können Sie vieles auf eigene Faust entdecken.

WIESBADEN

Erfahrungsfeld der Sinne **[114 A–B3]**
Lernen mit allen Sinnen: Durch eigene Aktivitäten und Experimente erfahren Kinder, wie das Auge sieht, das Ohr hört, warum Feuer heiß ist und vieles mehr. *Di–Fr 9 bis 18, Sa/So 12–18 Uhr, 8 Euro, Kinder (7–17 Jahre) 5,50 Euro bzw. (3 bis 6 Jahre) 3,50 Euro, Schloss Freudenberg, Freudenberger Str. 222, www.schlossfreudenberg.de*

Insider Tipp **Fasanerie** **[114 A2]**
Der bereits 1745 als Jagdrevier angelegte Tier- und Pflanzenpark ist ein beliebtes Wochenendziel für Familien. Picknicktische laden zu Pausen ein, es gibt Tiere zum Anfassen, naturnah konzipierte Spielplätze, einen kleinen Teich sowie Tiere aus dem europäischen Lebensraum in weiten Gehegen. Zu empfehlen sind die naturkundlichen Führungen für Kinder und Jugendliche. *Nov.–März tgl. 8–17, April–Okt. 8–18 Uhr, Eintritt frei, zwischen Lahn- und Aarstraße*

Mit 1 PS zum Kloster St. Hildegard

Freizeitbad ESWE **[114 C4]**
Das Hallenbad bietet ein Kinderbecken mit Rutschen und Dampfgrotte. Sonntagnachmittags herrscht viel Betrieb beim Spielnachmittag für die Familie. Der Sprungturm ist den ganzen Tag über geöffnet, und es darf zur Freude der Kinder auch vom Beckenrand ins Wasser gesprungen werden. *Di–Fr 13–20, Sa/So 8–20 Uhr, Mainzer Str. 11, 4,20 Euro, Kinder 2,20 Euro*

Freizeitgelände Rettbergsau **[114 B5]** Insider Tipp
Schon die Anfahrt gefällt Kindern: Mit der Personenfähre »Tamara« geht es vom Schiersteiner Hafen über den Rhein auf die 3 km lange und 300 m breite Insel. Federball,

Fußball, Tischtennis und ein Bolzplatz warten. Am schönsten ist für viele der kleine Strand zum Sonnenbaden – und sogar im Rhein schwimmen kann man hier. Auf einem großen Rasen darf man abends sein eigenes Zelt aufschlagen (4,50 Euro), und im Inselcafé kann man einkehren. *April–Sept. tgl. 8–19.45 Uhr, www.rettbergsau.de, Fähre 1,50 Euro, Kinder 1 Euro, Gepäck 0,50 Euro, Eintritt 1,50 Euro, Kinder 1 Euro, Tel. 0611/245 51*

Kurparkweiher **[U F2]**
Als Abschluss einer Besichtigungs- und Shoppingtour auf der Wilhelmstraße geht es zum gegenüber liegenden Kurpark. Dort werden am Wochenende Ruderboote und Tretboote verliehen. *Mai–Sept. Fr/Sa 15–19, So 11–20 Uhr, 5 Euro/Std., Tel. 0611/308 20 36*

Leichtweißhöhle **[114 B2]**
Ein »echter« Räuber, nach dem die Höhle benannt ist, fand hier einst seinen Unterschlupf. Ein ausgeschilderter Wanderpfad führt von der Höhle zum Naturschutzgebiet Rabengrund. *April–Okt. Mi 10–14, Fr 14–18, So 13–18 Uhr, Eintritt frei, Im Nerotal*

Stadtführungen **[U E3]**
Was haben rote Haare mit dem Kochbrunnen zu tun? Ein Pferdebad in Wiesbaden? Ein Weinberg mitten in der Stadt? Die eigens für Kinder konzipierten Führungen *(je nach Thema und Dauer 2–3,50 Euro)* tragen unterschiedliche thematische Schwerpunkte und machen viel Spaß. Information und Buchung: *Wiesbadener Tourist Information, Marktstr. 6, Tel. 0611/172 99 30, www.wiesbaden.de*

ÖSTLICHER RHEINGAU

Kinderkulturtage **[113 D4]**
Veranstaltet vom Kultur- und Tagungshaus in Rauenthal, findet alljährlich im Sommer an mehreren Tagen ein breites und anspruchsvolles Theater-, Spiel- und Kinoprogramm für Kinder statt. *Hauptstr. 1, Tel. 06123/744 12, Fax 755 87, www.kuta-rauenthal.de*

Kisselmühle **[112 C4]**
Lamas und Alpakas im Rheingau? Alexandra und Frank Messing züchten auf dem Gelände der Kisselmühle die eigentlich in Südamerika beheimateten Tiere. Ein schöner Spaziergang führt vom Kloster Eberbach in das ruhige, sonnige Tal. Von Kiedrich kommend, biegen Sie an der zweiten Einfahrt Richtung Klosterschänke ein. Nach etwa 100 m geht ein beschilderter Waldweg ab, der nach ca. 1,5 km die Mühle erreicht. *Tel. 06723/873 60, www.kisselmuehle.de*

WESTLICHER RHEINGAU

Abenteuerspielplatz Rüdesheim **[111 E6]**
Eine Wackel-Hängebrücke, eine Riesenrutsche, dazu Schaukeln, Wippen, einen Bolzplatz und Sandkästen sowie eine Picknickwiese bietet dieser abwechslungsreich gestaltete Abenteuerspieplatz. *Freizeitanlage Auf der Lach, an den Parkanlagen*

Asbach-Bad Rüdesheim **[111 E6]**
Ein Freibad direkt am Rheinufer. *Mai–Sept. tgl. 8–20 Uhr, 3 Euro, Kinder (4–17 Jahre) 1,50 Euro, ab 17 Uhr 50 % Ermäßigung, Kastanienallee 3*

Es muss ja nicht immer Wein sein: Rheingauer Traubengenuss pur

Ebentaler Hof **[111 D5]**
Über 50 Shetlandponys, deutsche Reitponys und Haflinger warten hier auf reitbegeisterte Kinder. Familien nehmen die Kutsche, um auf angelegten Pfaden unterwegs zu sein. Außerdem gibt es auf dem Gelände eine Picknickwiese und Spielgeräte sowie hausgemachten Apfelwein. *Sommer tgl. 9–19 Uhr, Reiten 5–8,50 Euro/Std., Ebental, 3 km nördlich oberhalb des Klosters St. Hildegard, Tel. 06722/25 18, www.ebental.de*

Rheintour
Mehrere Schifffahrtslinien verkehren auf dem Rhein. Für Kinder und Jugendliche interessant sind u. a. die ab *Rüdesheim (***[111 E6]***, Brücke 8, 9.15, 11, 14 Uhr)* und *Assmannshausen (***[110 C5]***, Brücke 3, 9.40, 11.30, 14.30 Uhr)* angebotenen Loreleyfahrten mit der Bingen-Rüdesheimer Fahrgastschiffahrt. *März–Nov., Rheinkai 10, Bingen, Tel. 06721/141 40, www.bingen-ruedesheimer.com, 14,50 Euro, Kinder bis 13 Jahre frei*

TAUNUS

Taunus Wunderland **[112 D2]**
Der Freizeitpark im Taunus bietet zahlreiche Attraktionen: Märchenwald, Wildwasserbahn, Spukhaus, Dschungelturm, Wasserskirondell, Achterbahn, einen gepolsterten Kletterturm oder Riesentrampolins. Für die Kleineren gibts die »Muckelchenbahn« und ein Kettenkarussell. Von Wiesbaden fährt der Bus 5474 des Rhein-Main-Verkehrsverbundes *(Tel. 0180/235 14 51)* direkt zum Wunderland. *April–Okt. tgl. 9.30–18 Uhr, 13,30 Euro, Kinder unter 100 cm frei, bis 130 cm 12,50 Euro, von Schlangenbad über die B 260 zu erreichen, www.taunuswunderland.de*

Angesagt!

Was Sie wissen sollten über Trends, die Szene und Kuriositäten im Rheingau

»Trivial«
Kompromissloser Rock, ein paar Einsprengsel von Blues, einfühlsamer Gesang: Vier Jungs aus Geisenheim (alle um die 20 Jahre) gewannen 2005 den Preis »Beste deutsche Nachwuchsband« und traten dann beim Rock-am-Ring-Festival auf dem Nürburgring auf. Musikalischer Vorbilder von Tim Opitz, Phil von Breitenbach, Stefan Halama und Andy Basting, denen die Rheingauer Jugend gegenwärtig zu Füßen liegt, sind u. a. die Bands AC/DC und Led Zeppelin, aber auch der legendäre Chuck Berry.

Bier statt Wein
Wo es 1001 Weingut gibt, sucht man das Exotische: Bier statt Wein heißt der Trend, wenn Restaurants sich abheben wollen. Ob mexikanisches Sol oder Tecate-Bier, das mit einer Zitrone getrunken wird, von der Privatbrauerei gebrautes Naturtrübes oder Massenkonfektion, ausgeschenkt wird im Biergarten mit bayerischem Blau-Weiß-Dekor. »Ozapft is« – ein Motto, das in Wiesbaden und im Rheingau das ganze Jahr über gilt.

Strandbars
Auch im Rheingau sind sie en vogue: künstliche Strände, die für das ultimative Freizeitfeeling sorgen. Allerdings muss man sich dafür auf die andere Rheinseite nach Mainz bequemen. Dort wurde am Rheinufer ein künstlicher Strand aufgeschüttet; man relaxt in Liegestühlen und stellt sich vor, dass der Rhein die Karibik wäre. Selbst vor dem Café Lumen in Wiesbadens Innenstadt wurde schon ein künstlicher Strand aufgeschüttet.

Karibik-Salsa-Boat
Seit auf den Rheinschiffen die Musik aus den Charts zu hören ist und sogar Boote mit eigenem DJ gechartert werden können, sind Rheintouren plötzlich in wie seit langem nicht mehr. Abiturklassen erholen sich vom Prüfungsstress auf dem Karibik-Salsa-Boat und veranstalten Diskonächte auf dem Rhein. Ebenfalls angesagt sind Silvester- und Riverboat-Shuffle-Partys mit traditionellem Jazz und schwimmende Weinproben.

Von Anreise bis Wetter

Hier finden Sie kurz gefasst die wichtigsten Adressen und Informationen für Ihre Reise in den Rheingau

ANREISE

Auto
Die Nähe zum Rhein-Main-Gebiet bedeutet schnelle Erreichbarkeit: Von Frankfurt führt die A 66 nach Wiesbaden und weiter als ausgebaute Schnellstraße B 42 nach Eltville und am Rhein entlang über Hattenheim, Oestrich-Winkel und Geisenheim nach Rüdesheim und Lorch. Bei Benutzung eines Autonavigationssystems darf Rüdesheim am Rhein (Postleitzahl 65385) nicht verwechselt werden mit Rüdesheim im Kreis Bad Kreuznach (PLZ 55593).

Bahn
Frankfurt, Wiesbaden und Mainz sind mit dem Intercity zu erreichen. Von Frankfurt und Mainz verkehrt eine S-Bahn nach Wiesbaden. Von dort fahren Regionalzüge rechtsrheinisch durch den Rheingau nach Koblenz.

Flugzeug
Frankfurt (40 km östlich von Wiesbaden) ist täglich mit Lufthansa *(www.lufthansa.de)* zu erreichen; Germania Express *(www.gexx.de)* fliegt von Berlin, Austrian *(www.aua.com)* von Wien, Swiss *(www.swiss.com)* von Zürich. Vom Flughafen fährt eine S-Bahn über Mainz nach Wiesbaden.

AUSKUNFT

Lokale Touristinformationen
Die Verkehrsämter der einzelnen Ortschaften haben ein »i« als Hinweiszeichen; sie liegen meist im Zentrum.

Rheingau-Taunus Kultur und Tourismus GmbH
Auskunft und Hotelreservierungen für Rheingau und Untertaunus. *An der Basilika 11 a, 65375 Oestrich-Winkel, Tel. 06723/99 55 99, Fax 99 55 55, www.rheingau-taunus-info.de*

Wiesbaden Tourist Information
Marktstr. 6, 65183 Wiesbaden, Tel. 0611/172 99 30, Fax 172 97 98, Reservierungen Tel. 172 97 02, www.wiesbaden.de

Willkommen im Rheingau & Taunus
So heißt eine kostenlose, mehrmals jährlich erscheinende Gästezeitung mit zahlreichen Artikeln, Anzeigen und Veranstaltungskalender. *www.willkommen-in.de*

AUTO

Auf der Durchgangsstraße B 42 kommt man meist zügig voran, die alte B 42 a zieht sich, oft mit Kopfstein gepflastert und gelegentlich in Einbahnregelung, eng und kurvig vom Wiesbadener Stadtrand durch die Weinberge, Dörfer und Kleinstädte des Rheingau. Man nimmt am besten die ausgeschilderten Parkplätze und geht dann zu Fuß in die Ortschaften.

CAMPING

Sowohl *Hattenheim (März–Okt., Auweg 2–4, Tel. 06723/28 27)* als auch *Rüdesheim (Mai–Okt., Am Rheinufer 1, Tel. 06722/756 00, www.campingplatz-ruedesheim.de)* besitzen einen Campingplatz in direkter Rheinuferlage. Zwischen Lorch und Rüdesheim lockt in reizvoller Terrassenlage der *Naturcampingplatz Suleika (April–Okt., Tel. 06726/94 64, www.suleika-camping.de)*.

FÄHREN

Da Brücken nur in Wiesbaden (Autobahn, Bundesstraße, Eisenbahn) und dann erst wieder in Koblenz (Autobahn, Eisenbahn) den Rhein überqueren, operieren im Rheingau eine Personen- und drei Autofähren:

– *Walluf–Budenheim:* Personen- und Fahrradfähre, nur Mai–Sept., So 10–19 Uhr

– *Mittelheim–Ingelheim:* Personen- und Autofähre, tgl. 6–20, im Sommer bis 21.30 Uhr, 20-Minuten-Takt

– *Rüdesheim–Bingen:* Personen- und Autofähre, tgl. 6–22 Uhr, 30-Minuten-Takt

– *Lorch-Niederheimbach:* Personen- und Autofähre, tgl. 6–19 Uhr, 20-Minuten-Takt

INTERNET

Die Website der Rheingau-Taunus Kultur und Tourismus GmbH mit Hinweisen auf Sehenswürdigkeiten, Hotels, Restaurants und Veranstaltungen ist *www.rheingau-taunus-info.de*. *www.rheingau-chronik.de* bietet Informationen zur Geschichte der Region und ihrer Orte.

INTERNETCAFÉS

– *Wiesbaden: JAWZ, Michelsberg 3 (Eingang Gemeindebadgässchen), Tel. 0611/30 887 15, www.jawz.de*
– *Rüdesheim: Internet Rüdesheim, Markt 5, Tel. 06722/46 96*

Was kostet wie viel?

Weißwein – **1,50–2 Euro** für 0,2 l in der Straußwirtschaft

Einkehr – **4,50 Euro** für Handkäs mit Musik in der Straußwirtschaft

Rheinfähre – **4,50 Euro** für Auto und zwei Personen

Seilbahn – **6 Euro** für die Fahrt zum Niederwalddenkmal und zurück

Imbiss – **3,50 Euro** für ein Winzerweck

Federweißer – **1,50 Euro** für das Glas angegorenen Traubenmost

KLIMA & REISEZEIT

Vom Frühjahr bis in den Winter hinein lohnt sich eine Reise in den Rheingau. Die milde, windgeschützte Region bietet das ganze Jahr über zahlreiche Feste und Veranstaltungen, die Hotels und Restaurants sind fast alle ganzjährig geöffnet. Besonders schön ist eine Reise im Herbst, etwa zur Zeit der Weinlese im Oktober: Die Wälder leuchten in allen Farben, das Klima ist ideal für Spaziergänge und Wanderungen. Während der Wintermonate haben Museen und Sehenswürdigkeiten oftmals eingeschränkten Betrieb. Eine Schifffahrt auf dem Rhein lässt sich auch während der kälteren Jahreszeit unternehmen, da die Schiffe über beheizbare Innenräume mit großen Panoramafenstern verfügen.

KURKLINIKEN

– *Montanus-Klinik, Merianstr. 10, 65307 Bad Schwalbach, Tel. 06124/580*
– *Rheingau-Taunus-Klinik, Genthstr. 7–9, 65307 Bad Schwalbach, Tel. 06124/50 97 97*
– *Tannenwaldklinik (Psychotherapie, Psychiatrie, Psychosomatik), Martha-von-Opel-Weg 31, 65307 Bad Schwalbach, Tel. 06124/50 70, www.tannenwaldklinik.de*
– *Zentrum für Rheumatologie, Rheingauer Str. 18, 65388 Schlangenbad, Tel. 06129/410*

MIETWAGEN

Wer mit der Bahn in Wiesbaden eintrifft, findet einen Leihwagen z. B. beim *Autohaus Sixt (Bahnhofsplatz 1, Ankunftshalle, Tel. 0611/*

84 03 00). Empfehlenswert ist auch der lokale Anbieter *Auto Licht (Dotzheimer Str. 148, Tel. 0611/ 480 55, www.licht-rentacar.de)*, der das gewünschte Automodell zum von Ihnen gewünschten Ort bringt. Angebote für Mietwagen finden Sie auch im Internet, z. B. unter *www. marcopolo.de.*

NASSAUISCHE TOURISTIKBAHN

Die ehemalige Aartalbahn von 1889 wurde wiederbelebt und führt heute als eingleisige Strecke vom Bahnhof Wiesbaden-Dotzheim 10 km durch den Taunuswald über die Eiserne Hand (421 m) und Bad Schwalbach nach Hohenstein (23 km, 90 Minuten, hin und zurück 11 Euro). Es werden Dampf- und Diesellokomotiven sowie historische Waggons eingesetzt. Fahrten finden an Ostern und von Mai bis September an Sonn- und Feiertagen statt. *Nassauische Touristikbahn, Moritz-Hilf-Platz 2, 65199 Wiesbaden, Tel. 0611/184 33 30, Fax 184 33 39, www.aartalbahn.de*

NOTDIENSTE

– *Ärztlicher und Zahnärztlicher Notdienst: Adalbert-Stifter-Str. 15, Winkel, Tel. 06723/870 87, Mo, Di, Do, Fr 20–7, Mi 14–7 Uhr, Sa/So 24 Std.*

– *Apothekennotdienst und Krankentransport: Tel. 06124/192 22*

ÖFFENTLICHE VERKEHRSMITTEL

Bahn

Regelmäßige Zugverbindung besteht mit der Regionalbahn nach Walluf, Eltville, Erbach, Hatten-

Rheingaulektüre

Vier Tipps für die Lektüre unterwegs oder zur Vor- und Nachbereitung der Reise

Der Rheingau inspirierte immer wieder Dichter und Denker, von Goethe bis zur Gegenwart, zusammengetragen von den Herausgebern Heiner Boehncke und Hans Sarkowicz in dem Band »Die Heimat der Romantik – Literarische Streifzüge durch den Rheingau«. Ein Krimi aus dem Winzermilieu ist Anne Chaplets Roman »Wasser zu Wein«: Ein Mann kehrt nach langer Abwesenheit in das Weinbauernstädtchen Wingarten am Rhein zurück und stößt auf feindselige Spannung; schließlich gibt es zwei Tote. Die »100 besten Rezepte der Landfrauen und Weingüter« (so der Untertitel) versammelt Angelika Schulz-Parthu in ihrem Buch »Lust auf den Rheingau«. Eine fotografische Reise durch den Rheingau von Lorch bis Hofheim zeigt die Kontraste zwischen landschaftlicher Schönheit und kulturhistorischen Denkmälern: »Der Rheingau – des Stromes goldene Mitte« von Oliver Bock (Text) und Kurt L. Mayer (Fotos).

heim, Oestrich-Winkel, Geisenheim, Rüdesheim, Assmannshausen und Lorch. Der Regionalexpress hält in Eltville, Geisenheim und Rüdesheim. Vom Hauptbahnhof in Wiesbaden führt ein schöner Spaziergang durch die Reisinger-Parkanlage in zehn Minuten zur Innenstadt. Fahrplaninformationen: *Tel. 01805/19 41 95, 0800/ 150 70 90* oder auf den Websites *www.bahn.de* bzw. *www.rmv.de.*

Bus

Am Bahnhof in Wiesbaden starten Busse zu allen Stadtteilen und in die Innenstadt sowie in den Taunus und in den Rheingau. Im Rheingau verkehren von den Bahnhöfen Busse in die nicht an der Bahnlinie liegenden Orte wie Kiedrich, Kloster Eberbach, Hallgarten, Martinsthal, Rauenthal. Fahrpläne sind bei den Verkehrsämtern erhältlich.

Schiff

Mehrere Ausflugsschiffe veranstalten zwischen April und Oktober Burgen- und Loreleyfahrten. Traditionsreichster Anbieter ist die *Köln-Düsseldorfer Deutsche-Rheinschifffahrt AG (Agentur Rüdesheim, Tel. 06722/38 08, www.k-d.com)*, die seit 180 Jahren den Betrieb aufrechterhält. Ein großes Angebot an Rheintouren haben auch die *Bingen-Rüdesheimer Fahrgastschiffahrt (Tel. 06722/29 72, www.bingen-ruedesheimer.com)* und die *Rössler-Linie Fahrgastschiffahrt (Tel. 06722/ 23 53, www.Roesslerlinie.de)*.

ÖFFNUNGSZEITEN

In Wiesbaden sind die Geschäfte im Allgemeinen montags bis freitags von 9.30 bzw. 10 bis 18.30 Uhr durchgehend geöffnet, am Samstag von 9.30 oder 10 bis 16 Uhr. Im Rheingau und Taunus haben die Geschäfte mit Ausnahme größerer Supermärkte zwischen 13 und 15 Uhr geschlossen. Eine Ausnahme macht Rüdesheim: In dem Touristenort sind zahlreiche Geschäfte durchgehend und auch an Sonntagen geöffnet.

RESTAURANTS

Bei *Gastro City Guide (Taunusstr. 5, 55118 Mainz, Tel. 06131/ 61 88 63, Fax 67 28 42)*, ist ein Gastropass erhältlich, der 29,90 Euro pro Person kostet. Mit diesem kann man in 30 ausgewählten Restaurants im Rheingau und Taunus ein Essen bestellen und erhält dazu ein zweites kostenlos. Einen solchen Pass gibt es auch für Wiesbaden. Bestellung auch online unter *www.gastro-city-guide.de/gastro pass.* Jährlich erscheint der im Buchhandel erhältliche »Gastro City-Guide« für Wiesbaden und Rheingau/Taunus mit Porträts ausgewählter Restaurants.

UNTERKUNFT

Bed & Breakfast

Bed & Breakfast Rüdesheim (Druswall 62, 55131 Mainz, Tel. 06131/21 84 96, Fax 21 84 97, www.bedandbreakfast.de/ruedes heim) vermittelt Pensionen und Privatzimmer mit Frühstück (DZ 42 bis 80 Euro).

Ferienwohnungen

Angebote für Apartments und Ferienwohnungen finden Sie über die örtlichen Touristinformationen und Verkehrsvereine sowie im Internet,

z. B. auf der Website *www.Rheingau.de/uebernachten.*

Hotels

Wiesbaden verfügt über ein großes Angebot an Hotels in allen Preislagen, sodass es meist nicht zu Engpässen kommt. Auch im Rheingau gibt es zahlreiche stimmungsvolle Übernachtungsadressen, doch sollten Sie hier, besonders während der Sommerzeit, an rechtzeitige Buchung denken. Viele Hotels und Pensionen halten für ihre Gäste besondere Angebote und Pauschalen bereit, es lohnt sich daher, nach speziellen Arrangements zu fragen. So können z. B. bei mehrtägigem Aufenthalt außerhalb der Saison Restaurantbesuche im Preis inbegriffen sein, andere Hotels bieten Verwöhnarrangements mit Champagnerempfang und Candlelightdinner. Reist eine (größere) Gruppe, so lassen sich spezielle Konditionen aushandeln. Bei Planung und Buchung sind die touristischen Informationsstellen behilflich. Eingeschränkt ist das Angebot in den Taunusorten Bad Schwalbach und Schlangenbad, frühzeitige Reservierung während der Saison ist hier anzuraten.

Jugendherbergen

– JH Wiesbaden, 220 Betten in 2- bis 6-Bett-Zimmern, Blücherstr. 66, 65195 Wiesbaden, Tel. 0611/ 44 90 81, Fax 44 11 19

– JH Rüdesheim, 155 Betten in 2- und Mehrbettzimmern, Jugendherberge 1, 65385 Rüdesheim, Tel. 06722/27 11, Fax 482 84, www.djh-hessen.de

VERANSTALTUNGS-MAGAZIN

Die Freitagsbeilage »Pepper« im Wiesbadener Kurier und in der Allgemeinen Zeitung Mainz informiert über Veranstaltungen in Wiesbaden, Mainz und Umgebung, also auch im Rheingau.

Wetter in Wiesbaden

	Jan.	Feb.	März	April	Mai	Juni	Juli	Aug.	Sept.	Okt.	Nov.	Dez.
Tagestemperaturen in °C	3	5	11	16	20	23	25	24	21	14	8	4
Nachttemperaturen in °C	–2	–1	2	6	9	13	15	14	11	7	3	0
Sonnenschein Std./Tag	2	3	5	6	8	7	7	6	5	3	2	1
Niederschlag Tage/Monat	11	9	8	9	9	10	10	11	9	9	10	10

Reiseatlas Rheingau

Die Seiteneinteilung für den Reiseatlas finden Sie auf dem hinteren Umschlag dieses Reiseführers

A B C

Kartenlegende Reiseatlas

Autobahn · Gebührenpflichtige Anschlussstelle · Gebührenstelle · Anschlussstelle mit Nummer · Rasthaus mit Übernachtung · Raststätte · Kleinraststätte · Tankstelle · Parkplatz mit und ohne WC	Trento 11	Motorway · Toll junction · Toll station · Junction with number · Motel · Restaurant · Snackbar · Filling-station · Parking place with and without WC
Autobahn in Bau und geplant mit Datum der Verkehrsübergabe	Datum Date	Motorway under construction and projected with completion date
Zweibahnige Straße (4-spurig)		Dual carriageway (4 lanes)
Fernverkehrsstraße · Straßennummern	14 E45	Trunk road · Road numbers
Wichtige Hauptstraße		Important main road
Hauptstraße · Tunnel · Brücke		Main road · Tunnel · Bridge
Nebenstraßen		Minor roads
Fahrweg · Fußweg		Track · Footpath
Wanderweg (Auswahl)		Tourist footpath (selection)
Eisenbahn mit Fernverkehr		Main line railway
Zahnradbahn, Standseilbahn		Rack-railway, funicular
Kabinenschwebebahn · Sessellift		Aerial cableway · Chair-lift
Autofähre		Car ferry
Personenfähre		Passenger ferry
Schifffahrtslinie		Shipping route
Naturschutzgebiet · Sperrgebiet		Nature reserve · Prohibited area
Nationalpark, Naturpark · Wald		National park, natural park · Forest
Straße für Kfz. gesperrt		Road closed to motor vehicles
Straße mit Gebühr		Toll road
Straße mit Wintersperre	XII-II	Road closed in winter
Straße für Wohnanhänger gesperrt bzw. nicht empfehlenswert		Road closed or not recommended for caravans
Touristenstraße · Pass	Weinstraße 1510	Tourist route · Pass
Schöner Ausblick · Rundblick · Landschaftlich bes. schöne Strecke		Scenic view · Panoramic view · Route with beautiful scenery
Heilbad · Schwimmbad		Spa · Swimming pool
Jugendherberge · Campingplatz		Youth hostel · Camping site
Golfplatz · Sprungschanze		Golf-course · Ski jump
Kirche im Ort, freistehend · Kapelle		Church · Chapel
Kloster · Klosterruine		Monastery · Monastery ruin
Schloss, Burg · Schloss-, Burgruine		Palace, castle · Ruin
Turm · Funk-, Fernsehturm		Tower · Radio-, TV-tower
Leuchtturm · Kraftwerk		Lighthouse · Power station
Wasserfall · Schleuse		Waterfall · Lock
Bauwerk · Marktplatz, Areal		Important building · Market place, area
Ausgrabungs- u. Ruinenstätte · Bergwerk		Arch. excavation, ruins · Mine
Dolmen · Menhir · Nuraghen		Dolmen · Menhir · Nuraghe
Hünen-, Hügelgrab · Soldatenfriedhof		Cairn · Military cemetery
Hotel, Gasthaus, Berghütte · Höhle		Hotel, inn, refuge · Cave
Kultur		**Culture**
Malerisches Ortsbild · Ortshöhe	WIEN (171)	Picturesque town · Elevation
Eine Reise wert	★★ MILANO	Worth a journey
Lohnt einen Umweg	★ TEMPLIN	Worth a detour
Sehenswert	Andermatt	Worth seeing
Landschaft		**Landscape**
Eine Reise wert	★★ Las Cañadas	Worth a journey
Lohnt einen Umweg	★ Texel	Worth a detour
Sehenswert	Dikti	Worth seeing
Ausflüge & Touren		**Excursions & tours**

Weisel
Alte Burg
336
Dörscheid
Koblenz
16
228
Loreley-Burgen-Straße
Grube Kreuzbergwald
WOLLMER
RANSEL
377
Kauber Platte
Burg Gutenfels
KAUB
2
Sauerthal
428
Ruine Rheinberg
Ruine Sauerburg
182
Ruine Kammer
Ruine Waldeck
14
HENSCH-HAUSEN
BACHARACH
(80)
Burg Stahleck
357
LORCH-HAUSEN
398
Ranselberg
Ranselberg
Wisper
R. Nollig
Sankt Martin
LORCH
(85)
Neurath
395
Medenscheid
Rheindiebach
Schloss Fürstenberg
Winzberg
Oberdiebach
Burg Hohneck
Jäge
Manubach
Im Bächergrund
Nieder-heimbach
365
Kreuzkapelle
Ober-heimbach
Burg Sooneck
Teufelskadi
416
Trechtingshausen
618
Franzosenkopf
Klemenskape
Salzkopf
Burg Reichenstein
628
Gerhardshof
Burg Rheinstein
Binger Wald
ASSMANNSHAUSEN
Auerhahnkopf
574
Jägerhaus
Druidenberg
385
E8
E3
Daxweiler
61
Roter Kopf
405
2km
BINGERBRÜCK
„Hunsrück"
Warmsr
Schaubergwerk
Sankt Martin

D
E
F
Dickschied
LANGENSEIFE
ESPENSCHIED
398
225
422
1
Geroldstein
Ruine
Geroldstein
Ruine Haneck
Nieder-
gladbach
290
Laukenmühle
Ruine Lauksburg
26
398
Kammerburg
466
Hörkopf
Obergladbach
2
Hügelgrab
Hengstküppel
435
Hof Mappen
Ruine
Mapper Schanze
Weißenthurm
10,5
PRESBERG
474
619
3
Kalte Herberge
E3
Hallgartener
Zange
STEPHANSHAUSEN
HALLGART
Rheingauer Riesling-Route
328
Schloss
Vollrads
MARIENTHAL
Schloss
Hansenberg
Ruine Schwarzenstein
MITTELHEIM
Schafhof
Nothgottes
Sankt Vincenz-Stift
JOHANNISBERG
Schloss
Johannisberg
Sankt Hildegardis
3
Grund
7,5
3
EIBINGEN
Jagdschloss
Niederwald-
Denkmal
1
42
(94)
1
Brömserburg
Dom
GEISENHEIM
Ruine
Ehrenfels
4,5
3,5
15
RÜDESHEIM
am Rhein
Mäuseturm
2
Rochus-
kapelle
(78)
60
Sporkenheim
GAULSHEIM
Burg Klopp
KEMPTEN
14
Bingen-Gaulsheim
41
3,5

A
B
C
Wisper
Springen
BAD SCHWALBACH
260
Hilgenroth
474
Hahnkopf
Watzelhain
RAMSCHIED
420
LANGENSEIFEN
225
422
528
Naturpark
Bäderstraße
Ruine Geroldstein
Ruine Haneck
Nieder-gladbach
FISCHBACH
290
Rhein-Taunus
Schlan
466
Hörkopf
Obergladbach
Hausen
548
514
Hof Mappen
Ruine
Mapper Schanze
Erbacher Kopf
580
474
619
Kalte Herberge
Kloster Eberbach
Scharfenstein
Kiedric
E3
Hallgartener Zange
580
Am Rebhang
(165)
Eichberg
STEPHANSHAUSEN
Neuhof
HALLGARTEN
(90)
Rheingauer Riesling-Route
Schloss Vollrads
HATTENHEIM
MARIENTHAL
Schloss Hansenberg
Ruine Schwarzenstein
MITTELHEIM
42a
Schloss Reichartshaus
JOHANNISBERG
OESTRICH-WINKEL
Stift
Schloss Johannisberg
Sankt Ägidien
Grund
INGELHEIM-NORD
42
(94)
60
Dom
GEISENHEIM

TAUNUSSTEIN
WEHEN
BLEIDEN-STADT
HAHN
536
Eichelberg
434
(509)
HETTEN-HAIN
SEITZEN-HAHN
Deutsche Fachwerkstraße
Bahnhof
Eiserne Hand
Taunus-Wunderland
Wambach
618
610
Schläferskopf
454
Wambacher Mühle
Hohe Wurzel
Bärstadt
Fasanerie
Chausseehaus
KLARENTHAL
495
Hansenkopf
Georgenborn
Schießstand
KOHLHECK
331
DOTZHEIM
Deutsche Fachwerkstraße
Schloss Sommerberg
FREUDEN-BERG
RAUENTHAL
FRAUENSTEIN
Schiersteiner Kreuz
268
MARTINSTHAL
WI-Frauenstein
Valentinskirche
Sankt Michael
Oberwalluf
SCHIER-STEIN
WI-Appelallee
ELTVILLE am Rhein
Walluf
Nieder-walluf
Mainz-Momb.
Kurfürstliche Burg
BACH
Rheingauhalle
Sankt Peter und Paul
Rhein
Mainz-Gonsenheim
Schloss Reinhartshausen
Budenheim
177
„Heidenfahrt"
Heiden-fahrt
Uhlerborn
MAI
Heidesheim
Dreieck Mainz
GONSENHEI
MZ-Finthen
FINTHEN
Heidesheim am Rhein
Wackern-
2km

WEHEN
HAHN
Deutsche Fachwerkstraße
Bahnhof
Eiserne Hand
Eichelberg
536
Platte
Jagdschloss-ruine
539
ERBSE
RAMBACH
WIESBADEN
Schläferskopf
454
Fasanerie
KLARENTHAL
Neroberg
245
Chausseehaus
Schießstand
KOHLHECK
DOTZHEIM
331
AUKAMM
Kurhausplatz
Kurhaus
Rhein-Main-Halle
214
Hainerberg
FREUDEN-BERG
GRASELBERG
WI-Dotzheim
Schiersteiner Kreuz
WI-Biebr.
WI-Frauenstein
Schloss Biebrich
WI-Mainzer Str.
WI-Amöneburg
SCHIER-STEIN
WI-Appelallee
Nieder-walluf
BIEBRICH
AMÖNE-BURG
Mainz-Momb.
Rhein
Mainz-Gonsenheim
Budenheim
177
84
Römisch-Germanisches Museum
MAINZ
Gutenbergmuseum
Dom
GONSENHEIM
Dreieck Mainz
MZ-Finthen
FINTHEN
Sankt Stephan
2km

EPPSTEIN
Staufen
451
Judenkopf
410
BREMTHAL
HAUSEN
Wiesbaden/Niedernhsn.
NAUROD
AURINGEN
HESSLOCH
KLOPPENHEIM
BIERSTADT
IGSTADT
MEDENBACH
„Medenbach"
260 Hockenberg
WILDSACHSEN
Bahai Tempel
Schwarzbach
LANGENHAIN
350 Kartaus
BRECKENHEIM
NORDENSTADT
DIEDENBERGEN
WALLAU
Wiesb. Kreuz
WI-Nordenst.
146
Diedenbergen
Wallau
DELKENHEIM
MASSENHEIM
Wiesbaden-Erbenheim
Mechtildshausen
Wickerbach
MZ-Kastel
Hochheim-Nord
HOCHHEIM am Main
(129)
Hochheim-Süd
KOSTHEIM
WICKER
BAD WEIL
FLÖRSHEIM am Main
Rheingauer Riesling-Route
Gustavsburg
Bischofsheim
RÜSSELSHEIM
Opelwerk
„Opel
E35
E3

MARCO POLO

www.marcopolo.de

Für Ihre nächste Reise gibt es folgende Titel:

Deutschland Allgäu • Amrum/Föhr • Bayerischer Wald • Berlin • Bodensee • Chiemgau/Berchtesgadener Land • Dresden/Sächsische Schweiz • Düsseldorf • Eifel • Erzgebirge/Vogtland • Franken Frankfurt • Hamburg • Harz • Heidelberg • Köln • Lausitz/Spreewald/Zittauer Gebirge • Leipzig • Lüneburger Heide/Wendland • Mark Brandenburg • Mecklenburgische Seenplatte • Mosel • München • Nordseeküste Schleswig-Holstein • Oberbayern • Ostfriesische Inseln • Ostfriesland Nordseeküste Niedersachsen • Ostseeküste Mecklenburg Vorpommern • Ostseeküste Schleswig-Holstein • Pfalz • Potsdam Rheingau/Wiesbaden • Rügen/Hiddensee/Stralsund • Ruhrgebiet • Schwäbische Alb • Schwarzwald Stuttgart • Sylt • Thüringen • Usedom • Weimar **Österreich/Schweiz** Berner Oberland/Bern Kärnten • Österreich • Salzburger Land • Schweiz • Tessin • Tirol • Wien • Zürich **Frankreich** Bretagne Burgund • Côte d'Azur • Disneyland Paris • Elsass • Frankreich • Französische Atlantikküste • Korsika Languedoc-Roussillon • Loire-Tal • Normandie • Paris • Provence **Italien/Malta** Apulien • Capri Dolomiten • Elba/Toskanischer Archipel • Emilia-Romagna • Florenz • Gardasee • Golf von Neapel • Ischia Italien • Italienische Adria • Italien Nord • Italien Süd • Kalabrien • Ligurien • Mailand/Lombardei • Malta Oberitalienische Seen • Piemont/Turin • Rom • Sardinien • Sizilien/Liparische Inseln • Südtirol • Toskana Umbrien • Venedig • Venetien/Friaul **Spanien/Portugal** Algarve • Andalusien • Barcelona Costa Blanca • Costa Brava • Costa del Sol/Granada • Fuerteventura • Gran Canaria • Ibiza/Formentera Jakobsweg/Spanien • La Gomera/El Hierro • Lanzarote • La Palma • Lissabon • Madeira • Madrid • Mallorca Menorca • Portugal • Spanien • Teneriffa **Nordeuropa** Bornholm • Dänemark • Finnland • Island Kopenhagen • Norwegen • Schweden • Südschweden/Stockholm **Westeuropa/Benelux** Amsterdam • Brüssel • England • Flandern • Irland • Kanalinseln • London • Luxemburg • Niederlande Niederländische Küste • Schottland • Südengland **Osteuropa** Baltikum • Budapest • Estland Kaliningrader Gebiet • Lettland • Litauen/Kurische Nehrung • Masurische Seen • Moskau • Plattensee Polen • Polnische Ostseeküste/Danzig • Prag • Riesengebirge • Rumänien • Russland • Slowakei St. Petersburg • Tschechien • Ungarn **Südosteuropa** Bulgarien • Bulgarische Schwarzmeerküste • Kroatische Küste/Dalmatien • Kroatische Küste/Istrien/Kvarner • Montenegro • Slowenien **Griechenland/Türkei** Athen • Chalkidiki • Griechenland Festland • Griechische Inseln/Ägäis Istanbul • Korfu • Kos • Kreta • Peloponnes • Rhodos • Samos • Santorin • Türkei • Türkische Südküste Türkische Westküste • Zakinthos • Zypern **Nordamerika** Alaska • Chicago und die Großen Seen Florida • Hawaii • Kalifornien • Kanada • Kanada Ost • Kanada West • Las Vegas • Los Angeles • New York San Francisco • USA • USA Neuengland/Long Island • USA Ost • USA Südstaaten • USA Südwest • USA West • Washington D.C. **Mittel- und Südamerika** Argentinien • Brasilien • Chile • Costa Rica • Dominikanische Republik • Jamaika • Karibik/Große Antillen • Karibik/Kleine Antillen • Kuba Mexiko • Peru/Bolivien • Venezuela • Yucatán **Afrika/Vorderer Orient** Ägypten • Djerba/Südtunesien • Dubai/Vereinigte Arabische Emirate • Israel • Jemen • Jerusalem • Jordanien • Kapstadt/Wine Lands/Garden-Route • Kenia • Marokko • Namibia • Qatar/Bahrain/Kuwait • Rotes Meer/Sinai Südafrika • Syrien • Tunesien **Asien** Bali/Lombok • Bangkok • China • Hongkong/Macau • Indien Japan • Ko Samui/Ko Phangan • Malaysia • Nepal • Peking • Philippinen • Phuket • Rajasthan • Shanghai • Singapur • Sri Lanka • Thailand • Tokio • Vietnam **Indischer Ozean/Pazifik** Australien • Malediven • Mauritius • Neuseeland • Seychellen • Südsee

Cityguides Berlin für Berliner • Frankfurt für Frankfurter • Hamburg für Hamburger • München für Münchner • Stuttgart für Stuttgarter **Sprachführer** Arabisch • Englisch • Französisch • Griechisch • Italienisch • Kroatisch • Niederländisch • Norwegisch • Polnisch • Portugiesisch • Russisch Schwedisch • Spanisch • Tschechisch • Türkisch • Ungarisch

Im Register sind alle in diesem Führer erwähnten Orte, Ausflugsziele und Weinlagen verzeichnet. Halbfette Seitenzahlen verweisen auf den Haupteintrag, kursive auf ein Foto.

Schreiben Sie uns!

Liebe Leserin, lieber Leser,

wir setzen alles daran, Ihnen möglichst aktuelle Informationen mit auf die Reise zu geben. Dennoch schleichen sich manchmal Fehler ein – trotz gründlicher Recherche unserer Autoren/innen. Sie haben sicherlich Verständnis, dass der Verlag dafür keine Haftung übernehmen kann. Wir freuen uns aber, wenn Sie uns schreiben.

Senden Sie Ihre Post an die Marco Polo Redaktion, MAIRDUMONT, Postfach 31 51, 73751 Ostfildern, info@marcopolo.de

Impressum

Titelbild: Assmannshausen (E. Wrba)
Fotos: HB Verlag: Lubenow (U. l., U. r., 2 o., 5 r., 17, 27, 38, 49, 54, 60, 61, 74, 75, 84, 89, 100); E. Wrba (U. M., 1, 2 u., 4, 5 l., 6, 7, 9, 11, 12, 15, 18, 20, 22, 24, 25, 26, 28, 30, 31, 32, 36, 37, 39, 40, 43, 45, 46, 51, 52, 56, 59, 62, 64, 66, 69, 70, 71, 76, 78, 83, 86, 92, 95, 96, 99, 107)

1. Auflage 2006 © MAIRDUMONT, Ostfildern
Herausgeber: Ferdinand Ranft, Chefredakteurin: Marion Zorn
Redaktion: Nikolai Michaelis, Bildredaktion: Gabriele Forst
Kartografie Reiseatlas: © MAIRDUMONT/Falk Verlag, Ostfildern
Vermarktung: MAIRDUMONT MEDIA, media@mairdumont.com
Gestaltung: red.sign, Stuttgart

Printed in Germany. Gedruckt auf 100% chlorfrei gebleichtem Papier

Bloß nicht!

Auch im Rheingau gibt es einige Dinge, die Sie besser meiden

Weinkauf in der Drosselgasse

Das Angebot ist riesengroß, man suggeriert Ihnen günstige Sonderangebote, lädt zum Kosten und Kaufen, aber besser ist ein klares »Nein«: Die Weine sind zu teuer und wenden sich an den süßen US-Geschmack. Die Rüdesheimer Drosselgasse eignet sich zum Amüsieren, Weine kauft man besser im Rheingau beim Winzer oder in der Genossenschaft.

B 42 befahren und zu Fuß überqueren

Es herrscht immer viel Betrieb, die breite – aber trotzdem nur zweispurige – Straße verführt zum Überholen, während der Rushhour wird gerast. Besser geeignet für gemächliche Besichtigungen ist die alte B 42 a mit ihren Möglichkeiten zu parken. Gefährlich ist es, auf der B 42 an der falschen Straßenseite zu halten und dann zwecks Besichtigung die Straße zu überqueren.

Beim Winzer Cola bestellen

Viele Rheingauer Winzer unterhalten eine Gastwirtschaft, ein Restaurant oder eine Straußwirtschaft. Hier erhält man neben Wein regionale Gerichte oder kleinere Speisen. Im Vordergrund steht immer der Ausschank des eigenen Weins. Auch wer lieber auf Wein verzichtet, ist beim Winzer gern gesehen. Nur Cola sollte man nicht gerade bestellen, das zieht pikiertes Staunen oder ein Naserümpfen nach sich. Aus Weintrauben wird auch Traubensaft hergestellt – den serviert man jederzeit gern.

Schwimmen im Rhein

Jahr für Jahr machen es Mutige vor und schwimmen durch den Rhein ans andere Ufer. »Der Rhein ist wieder sauber« ist ihr Credo. Ob das stimmt oder nicht, sei einmal dahingestellt. Tatsache ist, dass es sich beim Rhein um eine viel befahrene Schifffahrtsstraße handelt und zudem eine starke Strömung herrscht – zum Schwimmen sucht man daher lieber das Schwimmbad oder ein Thermalbad auf – davon gibt es in der Gegend genügend.

In der Straußwirtschaft am »eigenen« Tisch sitzen

Das gibt es in der Straußwirtschaft nicht! Die Tische sind gewöhnlich groß, mehrere Paare und Familien haben Platz daran. Wenn jemand hereinkommt, wird zusammengerückt und sogleich mit den Fremden ein Gespräch begonnen (»geschwätzt«). Einen Tisch für sich zu reklamieren (»Die Stühle sind besetzt!«) wäre nicht nur unmögliches Benehmen – es würde überdies gar nicht erst respektiert.